心控

大久保雅士

メンタリズム日本一が教える
「8秒」で人の心をつかむ技術

林孟潔—譯

你對**「讀心術」**的印象是什麼呢？

準確來說，

就是**「抓住人心」**的技術。

現在來一窺你心底的想法吧。

請回答以下四個問題。

我……

已經猜出
你的答案了！

1

請憑直覺
從下列八個詞彙選出一個。

募款　收穫　喪禮　鋁
筷子　毛筆　佛珠　宣紙

❷

請從下列八個詞彙中選出跟❶的答案最相關的詞彙。

體育館　米　一圓硬幣　牛奶
墨汁　焗烤　沙漠　喪服

3 請從下列八個詞彙中選出最適合形容❷的答案的詞彙。

紅色的　長長的　小小的　明亮的

寬敞的　黑色的　銳利的　迅速的

❹ 請從下列八個詞彙中選出跟❸的答案最貼切的詞彙。

向日葵　錦鯉　海豚　螞蟻
恐龍　柴犬　樅樹　螳螂

感謝你的配合。

好，你在❹選擇的詞彙……

是不是「螞蟻」呢？

「你怎麼知道!?」

或許有人會驚訝地這麼想吧。

其實我用了一點手法。

在❶選了「募款、鋁」的話，❷就會選「一圓硬幣」吧。

同理可證，「收穫、筷子」就會選「米」，「毛筆、宣紙」就會選「墨汁」，「喪禮、佛珠」就會選「喪服」。

接著，在❷選「一圓硬幣、米」的人，❸就會選「小小的」，選「墨汁、喪服」的人就會選「黑色的」。

❹的答案中只有「螞蟻」是「小小黑黑的」，所以大部分的人都會選擇「螞蟻」。

沒錯，各位本來是想自己選出答案，

但其實早就被我選好了。

前言

頂尖業務員×讀心術＝最強溝通技術

在一開始的四個提問中選擇了「螞蟻」的你，現在是什麼心情呢？

其實你體驗到的是「Magician's Selection」，**又被稱為「魔術師的選擇」的技巧**。讀心術是從魔術衍生而出的技巧，也被稱為「心靈魔術」。巧妙操作手法，看穿對方的心思，展現出引導技術的表演者，就被稱為「讀心師」。

我相信各位不會覺得自己「被騙了！」，但只要有一點想繼續往下讀的心情，你們就會**表現出聆聽的態度**。

對方是否表現出聆聽態度，是溝通中極為重要的一環。順利引導對方且不讓對方反感，絕對不是件容易的事。

但本書介紹的知識與技術，極有可能讓你在工作或私下的人際關係中輕鬆許多。這本書不是在教你騙人，內容絕對清白。**請跟我保證絕對不會濫用這項技術，跟著我學習到最後一刻。**

我會在這本書中用淺顯易懂的方式解說，但也會放點你們察覺不到的陷阱。如果你覺得「嗚哇，上當了！」，就把這個技巧當成自己的武器吧。

我以頂尖業務的身分在保險業闖了將近十年，並在二〇一六年成為日本第一的讀心師。**我將頂尖業務的溝通技巧和專業讀心師的心理術融合成一門技術，在一年超過一百次的演講和培訓會中傳授，指導了超過一萬人。**

絕大多數的聽眾都有「沒自信和客戶流暢地對話」、「苦於職場溝通」等煩惱。

經營者和管理職的煩惱是「叫不動部下」、「無法順利溝通」，現場工作者則煩惱「不知該如何跟上司和前輩交流」。

讓各位感到棘手的原因很簡單，就是抓不住對方的心思。所以，

「學會技巧，消除恐懼感」

↓

「抓住對方的心思，掌握溝通節奏」

↓

「不再有壓力，博得眾人好感」

只要將情況改成以上的良性循環即可。

話雖如此，我曾經也是因為口才不好害怕與人交流，缺乏自我肯定的溝通弱者。這種人就是太在意「他人目光」，總是站在對方立場思考，帶著他人本位的精神。

本書介紹的技巧，是將他人本位精神的基礎言語化和體系化。會拿起本書的讀者中，應該也有「口才不好害怕與人交流」的人吧。越是這種人，我就越希望你能活用從讀心術中學到的心理術。

抓住人心需要「八秒」

我曾被問過「讀心師應該瞬間就能抓住對方的心思吧？」，但人心是沒辦法瞬間掌握的。就算真的可以，也頂多是吸引對方的「注意力」。

在街上看到有趣的廣告，也不會馬上產生「想買」的衝動。在路上被美男美女吸引，也不會馬上產生「喜歡」的念頭。我們需要一點時間才能抓住人心，但拖拖拉拉也不行，人類的專注力是有限的。

順帶一提，據說金魚的專注力只能維持九秒。

各位覺得人類的專注力有多長呢？

正確答案居然是「八秒」，比金魚還短。

這是微軟的加拿大研究團隊於二〇一五年五月實際發表的數據。針對約兩千名受試者進行腦波測定的結果，人類的專注力持續時間已從二〇〇〇年的十二秒，降低至二〇一三年的八秒。

此外，各位知道**「八．二秒法則」**嗎？

計算人類對初次見面的人事物產生好感的平均時間為八．二秒，這個實驗結果也得出**「兩人只要對視八秒就會產生好感」**這個結論。**若能充分運用人類的專注力，就能在短時間內抓住人心，獲得對方的好感。**

抓住人心的時間和人類的專注力都是「八秒」，必須控制在極短時間內。

要在這麼短的時間內抓住人心不能光靠蠻力。就算街上的廣告文案寫著「拜託快來買！」，跟擦肩而過的路人說「要不要去吃個飯？」，都不可能成功，最終只會拉高對方的戒心。

這兩個例子或許很極端，但確實有很多人會用這種蠻幹的方式來溝通。

讀心師不會光靠蠻力，而是巧妙運用對方的力量。用點手段讓對方忍不住好奇感興趣，促使對方主動採取行動。

本書介紹的是**把對方引導至自己設立的目標，進而實現願望的技術**。用更簡單的例子來比喻，就是達成「不想自己告白，希望對方跟自己告白！」這種願望。

將本書傳達的技巧融入每日生活，讓對方替自己實現心願。不是靠自己主動，而是推動他人，將對方引導至自己心目中的結果。

魔術或讀心術的表演就是最好的例子。用花言巧語將對方引導至自己希望的結果，使其感到驚訝後，對方會對這場表演有什麼感想呢？

「好厲害！」、「嚇死了！」、「這是怎麼辦到的？」

這種時候產生的情緒，能讓溝通變得更圓滑，這畢竟不是一件簡單的事，才讓溝通變得困難。正因如此，讀心術才是一門特別的技術，很難馬上學會。但本書介紹的「『八秒』抓住人心的技術」，可以讓你將這個技巧落實在每天的生活中。

對自己越沒自信的人，就越該利用抓住人心的技術

接下來要介紹的技術適用於所有人，**對在溝通方面沒自信的人尤其有效**，因為對自己越沒自信的人越能看清對方的心思。

一直以來我傳授的技巧都是「如何抓住顧客心理提升業績」或「如何抓住同事或部下的心圓滑職場關係」，但本書從頭到尾都是在教你如何讓對方照自己意思行動。

若總是在他人心中留下不好的印象而不自知，在第1章「讓自己被歸類成『好相處的人』 破除心防的心理術」中介紹的技術，可以有效提升他人的觀感。

第2章「讓人際關係大幅提升　初次見面也會讓人意猶未盡的印象操控術」，將介紹利用對方心理的技巧。若你是無法說服對方就採取蠻幹方式的人，請務必體驗這種如柔術般華麗的溝通技術。

第3章「話題源源不絕，通暢無阻　讓你變成『完美傾聽者』的對話術」，對總是自己講個沒完的人特別有效。你將徹底變成傾聽者，安靜到驚人的地步。不論你過去白費了多少心力，都請仔細比對過去的自己。這個章節主要介紹的是滿足對方認同感的對話技巧。

第4章「直接影響每日成果　讓心與心的距離立刻縮短的交涉術」，收錄了讓你不禁懷疑「真的可以這樣做？」的各種精華技巧，消除你在職場或私下人際關係感受到的所有煩心事。雖然都是不經意就能完成的小事，但做與不做的效果可說是天壤之別。

這本書的寫法並不是虎頭蛇尾，而是能慢慢累積你的自我肯定感。這是我的第一本書，我會不遺餘力地介紹所有技巧。

請各位在開心閱讀的過程中慢慢學習，將技術融入日常生活當中。

目錄

序章

日本第一讀心師無私揭露
讓對方照自己的意思做，讓人際關係輕鬆百倍的方法

第1章

讓自己被歸類成「好相處的人」
破除心防的心理術

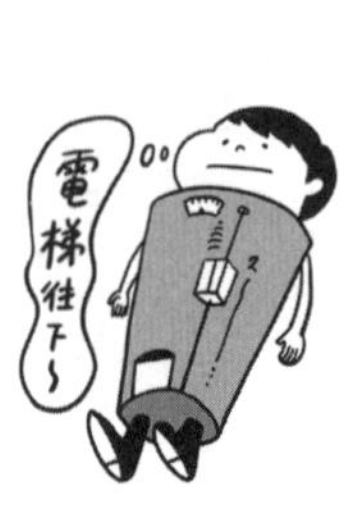

第2章

讓人際關係大幅提升
初次見面也會讓人意猶未盡的印象操控術

第3章

話題源源不絕，通暢無阻
讓你變成「完美傾聽者」的對話術

第4章 直接影響每日成果 讓心與心的距離立刻縮短的交涉術

我懂你的心情！

序章

日本第一讀心師無私揭露

讓對方照自己的意思做，讓人際關係輕鬆百倍的方法

缺乏自我肯定的我，為何能精通讀心術？

我在遇見讀心術前，是大家常說的那種「妄自菲薄」的人。

小學的我是極度膽小的愛哭鬼，不但站在眾人面前會緊張到哭，被朋友捉弄也不知如何反擊而哭。國中和高中時好不容易在社團這種團體中找到自己的安身之處，但因為口才不好害怕與人交流，也沒幾個社團以外的朋友。上大學後曾揚言要改變自己，但東京的大學生都太過亮眼，害我這個鄉下人又更自卑了。

我也沒什麼目標，找工作時也只想著「進大公司就好」，最後在一間壽險公司工作。進公司第一年跑業務的時候，按門鈴後甚至會在心裡祈禱「沒人在家、沒人在家」或「不要出來、不要出來」，完全不適合業務工作。

我做什麼事都很失敗，認定「我這種人就算努力也一事無成」，總之是極度缺乏自我肯定的人。

如此自卑的我，在出社會之後遇見了讀心術。聽職場上司說「在這張紙寫下初戀的名字」，於是我乖乖照做，沒想到他居然猜中了，讓我大受震撼！這種跟以往認知中的魔術只有一線之隔的演出，讓我十分震驚。

我無論如何都想學會這項技術，於是上司答應我，只要我在同期間奪得最佳業績就會教我。我拚死拚活在幾個月後做出成績，也成功學會了這項「祕密的技術」（我在後面會介紹）。

這個技術雖然不需要「靈巧動作」和「特殊才能」，卻非常需要**「觀察他人的敏銳度」**。

讀心術不是知道手法（圈套）的原理就能成功，而是要想像對方的思考，透過預測發揮出最大限度的演出。但出乎意料的是，其實不是每個人都做得到，我卻在這裡學到了不少經驗。

缺乏自我肯定又妄自菲薄的我，總是會在乎「他人的眼光」。

我總想著「不想被討厭」、「想在別人心中留下好印象」，隱瞞自己的意見和心情配合旁人，但也因此養成了站在對方立場，用他人的觀點和心情思考的習慣，才能順利學會這項技術。

多虧我缺乏自我肯定，不會過譽自己的成就，才能徹底養成隨時督促自己做好準備的習慣。又因為我在乎別人的眼光，所以能察覺到「有沒有讓對方不高興」、「對方現在用什麼眼神看我」這種不會寫在臉上的內心情緒。因為在意他人目光養成的「善於察言觀色，明白對方想法的性格」，也是最適合讀心師的性格。

「可以把缺乏自我肯定當成武器」——我發現了這個重點。

學會讓任何人都驚訝不已的技術，對自己產生信心後，我心中再無恐懼。

我的逆轉大戲就此拉開序幕。

操弄對方的印象，情況就能順利進展

讀心術讓我對自己產生自信，也讓我一頭栽了進去。「讀心術」的概念在這個時期慢慢普及，我也是在這個時候遇見了讀心術的師傅——小羅密歐・羅德里格斯先生（Romeo Rodriguez Jr.）。

羅密歐先生人稱「亞洲最強讀心師」或「惡魔讀心師」，是亞洲及日本讀心術領域的先驅，成就相當亮眼。初次見面時我也有幸見識到羅密歐先生的表演，卻跟我以往所知的讀心術截然不同。

我拜羅密歐先生為師，並學到**「印象操控」**這個技巧。

「真正的讀心師不會依賴騙術。操控自己在對方心中的印象，才是讀心師最重要的工作。」

當時羅密歐先生教會我「操控他人對自己的印象，進而支配全場」這個核心概念，用打扮或說話方式等巧妙的心理技巧操控觀眾心中的印象。

要煽動並擄獲人心，就要操控他人對自己的印象，在心理層面奪得優勢。

這種想法也同樣適用於商業領域。當時在業務管理職位的我一心只求結果，滿腦子都是「我要自己培育部下」、「我要獲得上司認同」、「我要自己說服客戶」這種靠自己拚出結果的念頭。雖然能如願得到結果，但如此不顧一切的工作方式也有限度。

當我開始操控印象，影響對方的思考模式後，周遭的反應也逐漸改變。部下產生「想學習」、「想追求結果」的心情，變得自動自發。上司也會詢問「是否需要支援」，開始提供協助。

客戶也陸續給出「你值得信任」、「想委託你處理」等反饋。**光是操控自己在對方心中的印象，一切就彷彿順水推舟**。

可以看清自我的讀心術充滿了溝通技術的精髓，助我度過次次難關。

「好感」是可以操控的

討人喜歡和惹人厭之間有什麼差別呢？

差別在於**「是否具有他人本位的精神」**。

有個電視節目以「討厭在酒席上遇到哪些事」為題做了民調，結果是「被迫觀賞魔術表演，還被要求驚嚇反應」榮登第一。「我會變魔術喔，要不要看？」、「我猜出你在想什麼了，很厲害吧！」似乎很多人對這種刻意賣弄技術、自我本位的人感到厭煩。

自我本位的人基本上都以自己的感受為優先，就算要協助他人，通常也會以「自己的利益或好處」為出發點行動，所以也經常被討厭。相對的，具有他人本位精神的人總是能站在對方的立場考量，也知道這麼做會招來對方的好感。

讀心術就是集結了這種他人本位的精神，操控對方「對自己產生好感」

的技術。

但很多人不知道這個方法，總是自然處事，也會無意間惹來他人的厭惡，實在太可惜了。越是經常遇到這種困擾的人，我越希望你能學會這個技巧。從讀心師的技巧中學會的技術，可以把你帶到喜歡你的人身邊。

凡事順風順水的人會「下意識」使用哪些抓住人心的方法

二〇一六年舉辦的日本第一讀心師決定賽「皇家讀心術之戰」，是我人生的轉捩點。

每位參賽者在官方提供的十幾分鐘內進行表演，再由所有觀眾審查。當時我活用了他人本位的精神，心裡想的不是「自己要如何表演」，而是「要如何製造驚喜觀眾才會開心」。拜此所賜，我在這場大賽中奪得優勝，成為日本第一讀心師。

那一刻，過去「總是妄自菲薄」的我已經消失無蹤了。

就像師傅的口頭禪「只要有壓倒性的自信就能支配全場」，不斷積累的經驗和成為日本第一的自信，讓我的心變得從容許多。

後來我也透過操控印象，得到無數次「展現出自己能幹的一面」的機會，各種挑戰的經驗也成了我現在的支柱。

自立門戶後，我經營家中的零售業以及活動籌辦工作，現在也持續舉辦培訓及演講活動。在各大場面中，「壓倒性的自信」都支持著我，讓我在任何逆境中都覺得「船到橋頭自然直」。

透過讀心術持續展現自我後，我也獲得了無比堅定的自信。

接下來要介紹的技術是「凡事順風順水的人」下意識會做的事。

不管是頂尖業務員、多角事業的經營者、頭牌男公關還是服務業的專家，簡而言之，溝通能力很強的人都會這麼做。一味模仿他們的技術也很難看到成效。

所以要靠**「表演」**。我會從以往培育出的技術中挑選出幾個任何人用了都有效果的方式。

此外也會整理出「只要這麼做就ＯＫ」、「只要掌握這個技巧就能讓對方自動自發」等重點。

在職場或生活中時常為溝通所苦的人，我會教你最強的溝通技巧，讓你往後的人生走得順利百倍。

第1章

讓自己被歸類成「好相處的人」破除心防的心理術

1-1 排除被人討厭的三大要素

「跟別人溝通時要注意哪些重點？」

在演講或培訓後的問答時間中，這是最常被問到的問題，但我每次都給出一樣的答案。

「注意別讓自己變成『自我中心』、『不識相』、『消極』的那種人。」

因為這三項是被人討厭的三大要素。

讀心師的工作就是要吸引觀眾，若被觀眾討厭就太不專業了。

讀取並猜測對方的思緒時，不要擺出「怎麼樣！我很厲害吧！」這種自我中心的態度，用「我知道你在想什麼，這就是你的想法已經傳達給我的證據！」這種說法就不會讓人不快。發現自己的想法開始變得自我中心時，就切換思緒，**用以對方為主的方式來思考**。

這時候**只要把主語的「我」轉換成「你」即可**。

此外，也不能對對方顧慮不周，變得不識相。就算是為了炒熱氣氛，半開玩笑地用嘲笑對方的長相、性別或年齡等方式來博取笑聲也毫無意義。**只要預先設想對方的想法，時常保有顧慮他人的貼心即可**。

也絕對不能展現出消極的態度。誰會願意撥時間給只會想著「我應該會成功……」這種毫無自信的讀心師呢？或許有些人是故意演出這種感覺，但態度消極的人基本上是沒有魅力的。**只要經常在他人面前展現出積極進取的態度即可**。

這些是我身為讀心師的心法，但也同樣適用於實際的商業場合。

我們當然不可能被萬眾喜愛，如果價值觀不同，人際關係偶爾也會觸礁，還會被對方討厭。

「根本無須在乎，沒必要被大家喜愛，要擁有被討厭的勇氣」。

雖然知道這樣想比較好，但能打從心底如此堅信的人應該少之又少。

被討厭就算了，如果自己心裡有數還能理解，但就是不知道原因，最後就會越來越沒信心。過去我看過好幾個陷入這種惡性循環的人，被討厭的感覺真的很難受吧。

沒錯，自己很難發現被討厭的原因。

那麼，該如何避免惹人厭的行為呢？寫在本書最前面的「Magician's Selection」就是最好的例子。就像大多數人會在最後的選項中選擇「螞蟻」，**要將對方的思考和行動帶入我們設下的圈套中**。

比如我在幫忙過的咖啡店利用了這種手法。那間咖啡店經常在店門口讓人試喝，卻對來試喝的客人過度推銷，結果反被討厭，導致入店消費的人減少。

這時我們將垃圾桶放進店內，對來試喝咖啡的客人指著店內說「垃圾桶在裡面」，僅此而已。

於是大部分的人都會走進店內，結果提升了咖啡豆的銷售量。利用者可能會對我們指引垃圾桶位置的舉動「感到貼心」，但我們的目的是讓客人毫無戒心地走進店內。

只要準備好誘導自己或對方行動的手法，就能避免惹人厭的行為。

POINT

先從把主語的「我」改成「你」，提醒自己關心別人開始吧。

1-2 不要主動發話，要用回應對方的方式交談

讀心師可以看穿人的心思，條件是什麼呢？

就是本書一開始提及的**「對方是否表現出聆聽態度」**。

讀心術是與人溝通的極致技巧，所以更需要對方的協助。但無論是讀心術或魔術，自以為是的態度都無法帶來理想的結果。

舉例來說，剛學會魔術的人都會很想表演給別人看。但如果用「我會變魔術喔，要不要看？」這種說法，除非是真的很感興趣的人，否則一般人都不願買單。

只要對方沒表現出聆聽態度，說再多對方也不會有任何反應。

因為人們不喜歡聽自己沒興趣的話題，如果聽出是在炫耀，那就更不想聽了。

如果是尊敬或喜歡的人也就罷了，除此之外誰會想長時間聽別人說這種話呢？

此外，初次見面時，有時候必須靠自我介紹向對方傳達自己的魅力。要讓別人理解自己，談論實績或經驗是最快的方法。

但若為了說得更有魅力，滔滔不絕地闡述自己的實績或經驗，聽的人會有種「好像在聽你炫耀，真不舒服」的感覺。有很多人都在這一步吃了大虧。

我還在跑業務的時候，就算要說明「本公司的保險魅力……」，大部分的人都只會冷冷地回答「不需要」。**在對方沒表現出聆聽態度的狀況下，就算**

想說明魅力之處，也只會讓對方產生戒心。

有些人應該很不喜歡被服飾店店員詢問「想找什麼款式？」吧。如果本來就是來買衣服的人也就算了，隨便走進來逛的人應該也不知該如何回答。我們當然知道店員是好心詢問，但還是能明顯看出店員「想趕快賣出去的心情」。

不只是業務和服務業，若對沒有表現出聆聽態度的人一個勁地說個不停，也會讓對方產生戒心和厭惡感。

反之，若對方表現出聆聽態度，同樣的話題也會得到不錯的反應。

那我們該如何讓自己的話題順利進展下去呢？

就是**用「回答對方提問」的方式交談**。

下面這張是我的名片。

在「讀心師」這個頭銜旁邊有一行字寫著「讀心師可以看穿你的心」。

拿到這張名片的人，基本上都會問我「讀心師真的能看穿別人的心嗎？」。

這時我就會說「是呀，要不要試試看！」，並做個簡單的表演。

再來只要表示「可以像這樣將誘導他人的技術活用在商業領域，我就是這方面的演講講師和顧問」，對方就會接著問「什麼樣的演講啊？」，就能將對方從名片引導至我的官方網站。

這就是「用回答對方提問的方法交談」，我稱之為「提問契機」。

製造提問契機的重點，就是「引起對方的興趣」。以我為例，是因為對方對

「讀心師」的身分感到好奇，所以我可以直接說明，但不是所有人都有這種頭銜。這種時候就要「**製造反差感**」。

比如在酒廠上班，要在各家餐廳跑業務的人，就在名片上寫下「我完全不會喝酒」這幾個字吧。拿到名片的人一定會問「你不會喝酒嗎？」。這時你就可以說「是呀！所以我對無酒精飲料特別了解，有很多方法可以吸引不會喝酒的客人上門喔！」，接著對方又會問「是什麼方法啊？」。如此一來這筆生意就能談得很順利。

因為酒廠員工這個「頭銜」，和完全不會喝酒這個「特徵」有反差感。**對方對反差感有反應，進而產生疑問。重要的是「特徵」部分讓人感受到魅力。**「不會喝酒所以不懂酒」一點魅力也沒有，但「對無酒精飲料特別了解」就是個有魅力的特徵，才能建立起提問契機。

像這樣把提問契機放進名片及對話中，讓對方產生興趣，自己就容易開啟話題。

而且自己不必耗費唇舌，對方就會拋出疑問，你也不會變得盛氣凌人。

對溝通越沒自信的人，就越會努力製造話題卻落得一場空，之後變得自我厭惡。越是這種人越適合這項技術。

讓對方拋出疑問引導對話節奏的讀心師，不費吹灰之力就能搭起溝通的橋樑。

POINT

讓對方產生疑問的重點是「不協調感」，試著在對話或頭銜中製造「反差感」吧。

1-3 用「六秒的沉默」控制情緒

「要怎麼提高自己的心理素質？」

很多人會這樣問我，但其實心理健康跟讀心術不能畫上等號。只是讀心師確實給人冷靜沉著、擅長控制自己情緒的印象。

擅長控制情緒的人或許所在多有，但讀心師也是普通人，一定會有情緒起伏。我自己還在跑業務的時候，也曾因為生意談不攏對客戶死纏爛打，因為部下或工作人員沒照我的話做就狠狠批評，因為被上司刁難而回嘴。每個人應該或多或少都有過情緒失控，讓對方不愉快的經歷。

但人類本來就是有情緒的生物，這些都是正常反應，只是將情緒表露在外，可能會對人際關係帶來負面影響。我的觀點是，讓自己變得情緒化那一刻就輸了，一定會被討厭，之後不管怎麼道歉可能都無法挽回。

這裡有個**「深呼吸等待六秒」**的方法，可以讓情緒穩定，展現冷靜沉著的態度。

在控制人類情緒的憤怒管理學中，有個「怒氣頂點最長只會維持六秒」的說法。因為由神經傳導物質「去甲基腎上腺素」引發的興奮狀態，在體內翻騰至穩定需要六秒的時間，所以才會有這種說法。

如果因為某些不如意的事焦躁憤怒，感覺情緒快爆發的時候，不要當場回嘴，試著在腦中默數六秒，這樣就能輕鬆避免自己大動肝火。

能順利實踐這個方法自然不成問題，但我也看過很多失敗的例子。就算實際默數六秒，刻意壓抑情緒的感覺反而成了壓力，讓人無法成功控制。

所以我開發了一種**穩定情緒的方法，就是「想像電梯慢慢往下」**。

這是催眠療法也會使用的「電梯深化法」的應用。

試著想像從高樓頂樓搭乘電梯「非常緩慢地」搭到一樓，你會感到放鬆，體內的力量緩緩釋放。

這樣就能深呼吸，自動熬過六秒的時間，也不太會產生「刻意壓抑情緒」的感覺，所以是個穩定心情的好方法。

除此之外，我還會想像**「自己是一棟大型建築物，有個小小的電梯從頭頂搭到腳底」**。

這種方法不必閉上雙眼沉思，所以跟對方交談時也能使用。當你在人際關係中因為情況不如意而無法壓抑情緒時，這種想像能讓心情穩定，讓你繼續跟對方交談。這個簡單的方法可以讓心情從容許多，溝通也能圓滑順利。

活用六秒沉默法控制情緒，就不會讓對方產生不愉快的心情，這樣也無須積累不必要的壓力。

POINT

情緒快不能控制時，閉上眼睛阻斷視覺資訊，會更容易想像搭電梯往下走的感覺。

1-4 讀心師絕對不會用！把四個否定詞換成共鳴詞

外界認為讀心師擅長交流的最大因素，就是我們**有能力對對方的話題「產生共鳴」**。

每個人都有渴望他人認同的欲求（＝認同欲求），讓對方產生共鳴就是最大的認同。可是很多人會在不自覺的狀況下，在對話中使用讓對方不愉快的否定詞。

大家都想避免這種情況發生，但很多人早就習慣把這些詞掛在嘴邊。明明想正常溝通，卻會不經意用到四個否定詞。

●可是（否定）
●就說（斷定）
●因為（藉口）
●反正（放棄）

針對對方的發言使用這四個否定詞會加強負面的形象，所以需要博取觀眾好感的讀心師基本上不會使用。就算不是讀心師，當然也要盡量避免這類不分青紅皂白否定對方意見的詞語。

那你該怎麼做呢？只要把否定詞替換成共鳴詞即可。

●可是→**原來如此**（肯定）
●就說→**對呀**（客觀）
●因為→**你說得對**（順從）
●反正→**真的耶**（新發現）

這種詞彙可以滿足對方的認同欲求。

對方「這是我的想法，你覺得呢？」

×「但也可以這樣想吧。」

○**「原來如此，我都不知道可以這樣想。」**

對方「我一時疏忽，給你添麻煩了。」

×「就說這樣會被客訴了嘛。」

○**「對呀，知道問題點就能改善了。」**

對方「你不覺得這次的失誤可以事先預防嗎？」

×「因為繁忙期沒時間留意這些事嘛。」

○**「你說得對，如果從容以對就能預防。」**

對方「我覺得這個方法也可行！」

×「反正我們辦不到啦。」

○**「真的耶，我也贊成這個方法。」**

像這樣不否定對方的說詞，替換成共鳴詞之後，自己的思維也會變得正向積極。此外，**加上「驚訝之情」也能強化共鳴的印象**。

「原來如此！我都不知道可以這樣想！」

「對呀！知道問題點就能改善了！」

「你說得對！如果從容以對就能預防！」

「真的耶！我也贊成這個方法！」

對對方的說詞感到驚訝，能充分滿足對方的認同欲求。就算對方說的意見跟自己相左，也要先產生共鳴。只要錯開時間點表達自己的意見，哪怕是反對意見，否定的感覺也會降低許多，你在對方心中的印象也能大大提升。

只要降低否定詞的使用頻率，你討人喜歡的可能性也能大幅提升。

POINT

提醒自己表現出「驚訝之情」，就不會說出否定詞。持續練習直到養成習慣為止吧。

將否定詞替換成共鳴詞

- 可是（否定）➡ **原來如此**（肯定）
- 就說（斷定）➡ **對呀**（客觀）
- 因為（藉口）➡ **你說得對**（順從）
- 反正（放棄）➡ **真的耶**（新發現）

在這四個詞加上「驚訝之情」，
更能強化共鳴的印象

1-5 總想把話題作結的人，就要徹底變成聆聽者

聽別人說話時只有一個重點，**「徹底聆聽」**，就這麼簡單。

在調查中可以發現，大多數人對「好好聽別人說話」的想法其實不太一樣。在日本旅遊社ＪＴＢ宣傳部二〇一八年公布的溝通綜合調查中，覺得自己「善於聆聽」的人居然高達77％。

另一方面，在日本小學館旗下的職業女性雜誌Domani編輯部舉辦的民調中，針對「你身邊有沒有不聽人講話的人？」這個疑問，約有半數的人回答「有」。可見聆聽者和說話者體會到的感覺有些許落差。

「我想好好聽別人說話，說話者卻感受不到我的心意」——其實很多人有這個煩惱。

因為他們沒辦法「接納對方的情緒（感受對方的情緒），並產生共鳴（同理對方的心情）」。

無法做到接納和共鳴，對方就會認為「啊啊，這個人不想聽我說話」。

但是別擔心，這種人只要留意三個重點就能改善問題。

第一個是**「別把話題導向自己想聽的方向」**。

把話題導向自己想聽的方向，就不會對對方想說的內容提出疑問，而是只問自己想聽什麼，導致話題中斷。

對方「以前就一直有聯絡的客戶，終於跟我約好時間了！」

自己「你要提案什麼商品？」

對方「我之後才要開始想……（我只是想分享聯絡到客戶這件事而已）」

這種只有自己想知道的提問，會讓對方覺得你根本沒在聽他講話。**你只要先用「這樣啊，太好了！」這句話接納對方的說詞，表示感同身受即可**。提問本身雖然也是炒熱話題的重要因素，但也該注意別讓話題中斷。

第二個是**「不要歸納對方的話題」**。

硬要總結對方說的話，急著做出結論中斷話題，就無法做到接納和共鳴。很多急於歸納的人都是出於好心。

對方「我現在用的這支手機太舊了，電力都撐不到一天。」

自己「所以你想換一支新的嗎？」

對方「嗯，我是想換啦……」

歸納話題這件事本身並沒有錯，但在日常閒聊中還沒接納對方的話題就急著歸納，對方就會覺得你根本沒在聽他說話。

這時也是用**「這樣啊，感覺很不方便耶！」這句話表示感同身受即可**。不要歸納對方的話題，在可有可無的閒聊中優先接納並同理對方的心情，就會非常有效。

第三個是**「不要搶對方的話」**。

如果同理心太強烈，就會不小心變成自己在講話。就算只是想表達同理心，對方也會覺得話題被打斷了。

對方「昨天我帶全家人去遊樂園玩，天啊，真的好累喔。」

自己「我懂！我上禮拜也跟家人去遊樂園玩，有夠崩潰！」

對方「喔……（我的話題去哪兒了）」

急著想表達同理心，用「我懂你的心情！」這種說法在對方還沒講完就急忙搶話，就會變成「我懂我懂小偷」。我明白你想交流的心情，但麻煩先忍住衝動，**用「這樣啊，真的很辛苦耶」這句話接納對方吧**。

人們總會無意識變成「我懂我懂小偷」，千萬要小心。

POINT

為了當好一個聆聽者，想打斷對方的話題時，先讓自己忍耐八秒吧。

1-6 盡量不使用專業術語

「雖然跟A公司變成alliance，想建立win-win關係，但又不想把initiative交給他們。話雖如此，還是把握這次機會來場innovation吧。所以可以幫我確認下次orientation要用的資料evidence嗎？」

「明天的conference有取得B公司的consensus了嗎？拜託別把agenda的priority搞錯囉。」

看完這兩段話，各位有什麼感想呢？觀感實在不太好。雖然沒到這麼極端的程度，但還是有很多人動不動就在實際對話中加入英語。

像這樣頻繁使用英語，給人一種「想炫耀自己博學多聞」的感覺。反過來說，也可以說是「對自己沒有信心」。

一般人若聽到對方一直使用專業術語或商業用語，只會覺得莫名其妙。

如果對方能明白你的意思當然無所謂，但對不同業界或職種的人使用專業術語或商業用語，也沒辦法立刻表達清楚。不過也有人主張「用正確的說法才容易表達！」，這個道理當然沒錯，我偶爾也會使用。

重點在於是否有必要使用專業術語。

例如精通棒球知識的人要跟不那麼熟悉的人一起看球賽時，不用「投手」或「全壘打」這些詞就很難解釋棒球，但「這個選手是拉打型打者」就算是非必要的解說。

明明不用這些術語也能解釋清楚，卻故意加入專業術語或商業英文用語，就會讓對方產生不悅感。

無意識使用這些用語想要賣弄自己的話，極有可能產生反效果，尤其要格外注意商業英文用語。

可能很多人會想使用「evidence」或「priority」這種詞，但除非是當下可以合理使用的環境，否則不用才是明智之舉。

此外，一般人聽到專業術語不太會回問「那是什麼意思？」，這是因為不想被對方認為自己無知的虛榮心和自尊心作祟，結果就會產生誤會。

要使用專業術語時，不妨換成大家都能聽懂的說法。

教初學者打高爾夫時，如果用「address的stance不要太寬，impact時不要太用力」這種說法，對方會一頭霧水並感到排斥。但給出「準備動作的站距不要太寬，球桿敲到球的瞬間不要太用力」這種指示的話，對方應該能理解並做出正確的動作。

光是這個小小的改變，就能消除對方心中「莫名的排斥感」。

不過，如果刻意轉換成大家都聽得懂的說法，可能會有「輕視」的感覺，這一點也必須留意。最後，我們把一開始那兩段話的英語改成人人都能看懂的說法吧。

「雖然跟A公司變成商業夥伴，想建立良好關係，但又不想把主導權交給他們。話雖如此，還是把握這次機會來場革新吧。所以可以幫我確認下次說明會要用的資料出處嗎？」

「明天的會議有取得B公司的同意了嗎？拜託別把代辦事項的優先順序搞錯囉。」

這樣就變得簡單明瞭了。

POINT

盡量不使用英語，觀察對方反應如何再開口吧。

1-7

用魔法筆記消滅藉口

「如果怒火或負面情緒累積到一定程度，乾脆痛快發洩出來比較輕鬆，這種緩和壓力的好方法俗稱『情緒洩壓』。」

各位應該有聽過類似的說法吧。

心中有不滿，人就會想要發牢騷，有些人可能還曾經把氣出在別人身上。

但各位知道「情緒洩壓有效」的說法並不正確嗎？

一九九〇年代有位愛荷華州立大學的心理學家布拉德．布希曼（Brad Bushman）曾做過實驗測試情緒洩壓是否有效。各項實驗的結果都顯示，情緒洩壓雖然能暫時忽略，但怒火或負面情緒依舊存在，不僅後續容易做出同樣的行為，還會更渴望怒氣或牢騷的宣洩口。

努力了卻得不到成果。

工作時被上司罵得狗血淋頭。

因為自己準備不足而犯錯。

這種時候，你是不是會不小心說出「都是別人的錯」、「不光是我的問題」這種抱怨或藉口呢？

不過請放心，抱怨或找藉口是人類為了消除責任等外界施加的壓力，不想背負心理壓力的自然現象。

但若為了一時的效果不斷做出這種行為，聽你發牢騷的人對你的印象也不會好到哪裡去。

這種時候最有效的方法，是**將情緒「寫在筆記上」**。用手機的記事本功能也可以，但實際寫在紙上的效果更好。

將筆記分成左右兩邊，在左半邊盡情寫下牢騷和怨言。這時不必跟自己客氣，想到什麼就寫什麼。不但可以清空煩躁的思緒，也不會將一時的不滿發洩在別人身上。

心情平靜後，**就在右半邊寫下改善方法**。

這是**將俗稱「As-is／To-be」的問題解決法架構加以應用**。

將「對現狀的不滿」和「現實與理想的反差」寫成可視化的文字後，就能客觀審視自己的情緒。冷靜觀察自己找藉口的模樣，也會覺得「很丟臉」。

養成寫筆記的習慣其實不難。降低發牢騷和找藉口機率的「魔法筆記」，可以幫助你控制自己的情緒。

POINT

若想用冷靜的判斷力寫出改善方法，寫完牢騷或怨言後先放置一陣子吧。

將情緒寫在筆記上

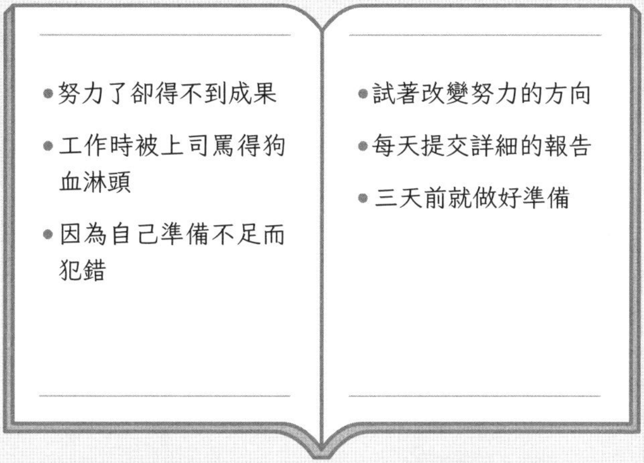
●努力了卻得不到成果
●工作時被上司罵得狗血淋頭
●因為自己準備不足而犯錯
●試著改變努力的方向
●每天提交詳細的報告
●三天前就做好準備

在左邊寫下牢騷和怨言

在右邊寫下改善方法

魔法筆記可以清空煩躁的思緒，也不會遷怒於他人

努力不讓自己被歸類成「難相處的人」

「擔心自己是不是被討厭的各位觀眾。

放心吧。

這種時候通常都是真的被討厭了。

不知道自己被討厭的那種人才有問題……」

這是我最喜歡的連續劇《古畑任三郎》某一集的開場白。播出的時候我才十歲，但當時在電視上看到這段台詞後，莫名讓我印象深刻。

如同我在第1章寫的那樣，行為惹人厭的那些人，也不是真的想被人討厭，大多數人的心情反而都是「想在別人心中留下好印象」，卻適得其反，自己也很難察覺到這一點。

很多時候都以為自己這麼做是為了對方好，所以根本沒有自覺。

為了讓別人喜歡自己，不必學會什麼特殊技能，更不必徹底改變性格。重要的是關心及體諒對方的心意，哪怕只有一點點也好。

這一點在讀心術可是發揮得淋漓盡致。畢竟要跟對方順利建立起溝通橋樑，表演才能成立。

讀心術的表演不是靠華麗手法朝一開始就決定的目標前進，對話中經常需要即時反應，若不能立刻體察到對方的思維，表演就無法順利進行下去。

若讓對方感到不悅，就算能猜到他的想法，對方也會回答「你猜錯了！」，所以讀心術的表演幾乎都是不會讓觀眾討厭的手法。因為會引導對方提問，我們也不會說太多話。

我們會將對方說過的話融入表演中，所以也不會用到否定詞。只要表演時好好面對對方的心，自然就能博取對方的好感。

「體諒對方心思」是讀心術的首要之務，若能在日常溝通時將第1章介紹的「不做出惹人厭行為的手法」落實在自己身上，被歸類成「難相處的人」的機率就會大幅降低。

這點小小的改變就能讓你的印象翻轉，請務必一試。

第2章

讓人際關係大幅提升

初次見面也會讓人意猶未盡的印象操控術

2-1 在任何困境下，都利用「呼吸的深度」表現出坦蕩的態度

讀心師會用說話的速度操控自己的形象。

有時滔滔不絕說得飛快，博取觀眾的笑聲，卻不讓他們有機會深度思考。有時用緩慢的語速說話，讓氣氛變得凝重，為會場帶來緊張感。

我個人十分尊敬的英國讀心師達倫・布朗（Derren Victor Brown），會靈活使用機關槍般的語速和緩慢語速，擾亂觀眾的心思。

同樣來自英國的讀心師盧克・傑梅（Luke Jermay）總用緩慢的語調說話，將觀眾帶進不可思議的世界。

兩人的共通點就是**用說話的速度改變對方心中的印象**。

這個手法不是僅限讀心師才能使用，也同樣適用於我們的日常生活。

舉個例子，說話快跟說話慢的人，哪一種看起來比較坦蕩呢？當然是說話慢的人吧，因為我們認為語速較慢的人「心態從容，態度坦蕩」。

相對的，我們認為說話快的人「慌慌張張，倉卒焦慮」。如前所述，光是說話速度就能徹底改變一個人的形象。

在談生意的時候，你可能想像平常那樣說話，卻因為緊張或興奮導致聲音尖銳破音，語速飛快又結結巴巴，就會突顯出心神不寧的感覺。

你自己也明白這一點，結果變得更慌說得更快……陷入這種惡性循環。

那我們該怎麼做才能放慢語速，給人從容又坦蕩的印象呢？

答案就是**「放慢呼吸的速度」**。

當人感受到不安或壓力時，呼吸會變得急促，陷入更加慌忙緊張的惡性循環。說話速度一快，表情也會變得僵硬，看上去當然一點也不坦蕩。

自己「初、初次見面。我、我、我叫○○……」

對方「幸會（這人真沒自信……）」

就會像這樣突顯出慌張的感覺。反之，若能放慢呼吸的速度，就能放鬆身心，給對方坦蕩的印象。光是這點改變，就能讓第一印象大大提升。話雖如此，如同我在序章所說，我有非常嚴重的社交恐懼症，是透過反覆嘗試才能走到這一步。

就來說說我學會的放慢呼吸小訣竅吧。

第一個訣竅是，**總之先「放慢」說話節奏，說話時留點停頓**，這樣就能控制呼吸。

男性的例子是阿部寬，女性的例子是深田恭子。說話時想像自己完全變成這兩個人，就能放慢呼吸的速度。

另一個訣竅是**使用腹式呼吸法**。做深呼吸可以讓身心放鬆，但我們很難在對話途中提醒自己做腹式呼吸，所以請試試以下兩個步驟。

將拳頭握緊比出「石頭」的手勢做個深呼吸，你會感受到肺部明顯擴張。

再來只把無名指和小指彎起，剩下的手指放鬆，再做一次深呼吸。這次是不是覺得腹部明顯擴張了？這代表你已經從用胸腔呼吸的胸式呼吸法，切換到用橫膈膜呼吸的腹式呼吸法了。這是研究發聲技法的林重光先生發現的方法。

只要成功放慢呼吸的速度，就能輕鬆控制說話速度，即使心裡緊張不已，也能給對方從容不迫的印象。往後只要遇到困難，就採用「緩慢的腹式呼吸法」，這樣對方看到的就是你態度坦蕩的形象，而非心中的忐忑。

POINT

說話前先吐光肺部的空氣，讓呼吸停止八秒，就能平復心情，做好從容交談的準備。

2-2

利用人類「比起語言更容易相信親眼所見」的特性

航空公司在面試空服員或地勤人員時，據說在最初的十幾秒左右就會定案。

不只是航空公司，每間公司面試時應該也大同小異。不管面試時說得再優秀，只要第一印象不好，這個印象就會影響到最後一刻。

相對的，若外觀、姿態和態度讓面試官留下好印象，整體表現得能幹有才，就有機會被優先錄取。畢竟要在有限時間內判斷面試者是否適合公司，就會被外表的印象影響。

像這樣被最初的明顯特徵和印象影響，導致評價其他特徵時出現偏差的現象，在心理學名為**「暈輪（halo）效應」**。

「暈輪」指的是太陽或月亮周遭出現光暈的大氣光學現象，也有人取「光環」或「光暈」等含意稱為「光環效應」或「光暈效應」。

我們容易被對方顯而易見的優點或頭銜影響，對其他部分也給予不錯的評價。反之，若對外貌或第一印象等特定評價低劣，就會被負面特徵影響而拉低總體評價。

在商業場合中，外表的印象非常重要。男性只要穿上合身筆挺的西裝和擦得亮晶晶的皮鞋，配上乾淨的髮型，就能給人清爽誠懇的感覺。女性也一樣，若服裝整潔，簡單化點淡妝而非濃妝豔抹，給人的印象就會比盛裝打扮時好得多。

而且比起直接對話的「言語」，服裝、髮型、表情、神色等「非言語」讓對方留下的印象其實更深刻，前面提到的「呼吸深度」也是非言語的一種。

比起語言，人類更容易相信親眼所見。

我們不能只在外貌營造整潔的形象。

除了衣著打扮之外，要連職場或辦公桌這種周遭環境都打理得整整齊齊。職場自然要保持清潔，辦公桌除了工作區之外，連抽屜內都要整理乾淨。如果是開車的人，不只是車內，連後車廂和前擋收納區都要整理乾淨。錢包的話就把鈔票擺放方向統一。將這些細節做得徹底，營造出整潔的感覺。

舉例來說，請職場上的同事「幫忙把辦公桌上的會議資料拿過來」時，如果對方發現你的辦公桌井然有序，就會對你產生好印象。

此外，讓別人搭自己的車時，若車內能維持一塵不染，好感度就會更甚於搭乘高級車。

保德信人壽的王牌業務員川田修先生在《一流超業的暖心成交，養客慢賺才會大賺》著作中提到，他到客戶家中拜訪時，為了避免自己的公事包弄髒客戶的家，會不著痕跡地將手帕墊在公事包下方。

連在同業打拚過好幾年的我也沒能設想到這一點。川田先生或許是覺得客戶會問「為什麼要把手帕墊在下面？」，這就是我在第1章「不要主動發話，要用回應對方的方式交談」說明的「讓對方提問」技巧。回答自己這麼做的用意後，客戶對業務員的印象就會徹底改變，真的是「比起語言更容易相信親眼所見」呢。

POINT

每天訂個時間整理周遭環境吧。比如一到公司還沒開始工作之前，效果會更好。

2-3

讀心術流派的「文勝於武」作戰

很久沒寫紙本賀年卡的人應該滿多的吧。

根據日本郵局的統計，二〇二一年發行的賀年卡張數比全盛期二〇〇三年少了六成，連續十一年都呈現減少趨勢。

我們可能會在工作時收到手寫便條，但在現今的社會中，已經越來越難收到富含心意的手寫訊息了。正因為身處這種社會，收到手寫訊息才會格外感動欣喜。

因為**人們會對「為自己付出時間與心血的人」抱有好感**。感受到對方的好意，就會產生同樣想報答好意的心情，這種現象被稱為**「好意的回報性」**。

付出心血與時間的手寫訊息，能在對方心中留下如此良好的印象。

話雖如此，這對平常不習慣手寫訊息的人難度有點高，或許也會有人產生「我該寫什麼？」「該怎麼交給對方？」等疑問。這種人不妨留意接下來這三個重點。

①內容不必太長

在表達感謝或委託業務的場合，只要簡單附上一句「謝謝」或「請幫我整理資料」就有不錯的效果。看到星巴克店員在杯子上寫了一句話，心裡也會暖暖的吧。

反之，內容太長會讓人感到沉重，對自己也是一種負擔。所以**只要簡單幾句也行，先試著送出手寫訊息吧**。

②不強求字跡好看，整齊為重

知道自己寫字不好看的人，幾乎都會排斥手寫字，我也不例外。

所以更要花時間寫得整齊，讀訊息的人也能感受到你的心意。而且比起字跡好看卻寫得雜亂，字跡不好看卻願意花時間慢慢寫更能傳達心意。為此就該花點時間。**寫字時不追求好看或速度，而是要注意是否整齊**。

③不著痕跡地放下

比起直接交給對方，你應該不著痕跡放下。拜訪客戶時若對方有端出茶水招待，就放一張寫著「茶很好喝，承蒙款待」的小卡吧，這點小動作就能在對方心中留下好印象。如果拜訪時沒時間寫，就事先準備好。由於不確定對方會端出什麼飲料，事先準備茶、咖啡或水的版本就能順利應對，帶點伴手禮會更有效果。

這一點小心思，就能讓對方對你產生好感。

在社群軟體交流時，可以刻意寫下手寫訊息，再拍照傳給對方。

看到這裡，你是不是覺得「這是常識吧」？沒錯，這就是常識。

能確實做到這些常識的人應該能認同我說的話，我認為只有做不到的人才會有這種想法。如果這些話觸犯到你，我先說聲抱歉，但覺得「這是常識」的人，只有在自己接受到好意時才會知道何謂驚喜。

某間請我擔任顧問的餐廳，在外帶需求高於內用的時期，我建議他們提供餐點時附上一張手寫卡片。

「感謝您初次訂餐！」

「感謝您經常訂餐，這是給○○的特別招待！」

顧客和店家無法直接交流的部分，就用手寫卡片來補足，結果回頭客也增加了。

若條件相同，人就會選擇有好感的那一方。善加運用付出心血與時間的手寫訊息，累積自己在對方心中的「好感」吧。

POINT

利用手寫訊息專用的筆和卡片，能突顯對對方的好意，進一步強化「好意的回報性」。

2-4

學習連續劇主角的生活方式。用壓低期待值的方法提升自我的評價

「期限三天？你以為我是誰啊，兩天就能搞定！」

這是連續劇《多金社長小資女》的主角日向徹的台詞，飾演主角的小栗旬先生很帥氣吧。我會把連續劇或電影主角的帥氣形象投射在自己身上，進行想像訓練。

能幹的人擅長提高對方的期望。

工作時若被問到「能不能一週內想出兩個企劃案」，就提出三個企劃案。**因為提高對方的期待值，能留下出乎意料的好印象**。

以色列希伯來大學的心理學者雅各布．斯庫爾曾做過關於「數字印象（數字的力量）」的實驗。他對五十二名學生進行模擬面試，讓其他學生擔任面試官。當時他將學生分成有一封推薦信和兩封推薦信兩組，讓面試官給予評價。結果有兩封推薦信的學生不論在適當性、誠懇度和團隊合作各方面都獲得了極高評價。

也就是說，這個實驗結果證明人們會基於「數字印象」，對推薦者較多的人留下好印象。

我們身處的現實社會也是如此。

比起ＳＮＳ粉絲數不多的朋友，我們更容易被粉絲數多的陌生人貼文所影響。選擇YouTube頻道時，有些人也會重視訂閱人數而非影片內容。「數字印象」造成的影響力就是如此驚人。

所以**要活用靠「數字印象」提升自我評價的力量**。

被要求「想出兩個企劃案」，**就準備三個以上**。

被要求「一週內完成這項工作」，**就在五天內解決**。

光是這樣，工作內容就能獲得更好的評價。

將事前得到的數字或印象作為基準（Anchor＝錨點），對後續印象產生影響的心理現象，被稱為**「定錨效應（Anchoring Effect）」**。

但每項工作都要拿出超乎期待的結果，不是一件容易的事。我們該做的**不是重視結果，而是從起點就要留意，平常就要避免提高對方的期待值**。

同一間公司有兩名業務員，上司在截止日前一週對這兩人問：「本月的業績量還差一點，你們要怎麼估算？」

業務員A回答：「沒問題，應該還能簽到一、兩個契約。」

業務員B回答：「目前還不好說。」

上司自然會對業務員A抱有期待，但截止日當天業務員A報告「對不起，我沒趕上截止日」，業務員B卻報告「我想辦法簽到一個契約了」。

你會對哪位業務員給予高評價呢？

明明只差一個契約，印象卻截然不同吧。業務員B採取的行動，就是我剛才提到的**「平常就要避免提高對方的期待值」**。

這是怎麼回事呢？其實業務員B在一週前被上司詢問時，就知道自己能簽到契約了，但他在實際簽到契約前都沒有說出來。

像這樣善用操控印象的手法提高評價，會帶來很多好處。**即便是同樣的結果，也要加上驚喜要素，把效果放大好幾倍**。

●**接到工作委託時**

「包在我身上！」

←

「我先試試看。」

●接到困難的工作委託時

「我會想辦法處理！」

←

「這對我來說有點困難，您如果不介意，我會試著處理看看。」

●「請盡可能提出多一點實績」被冠上這種曖昧數量的期待時

「我會盡量提出多一點實績！」

←

「我想先提出一項實績給您過目。」

像這樣調整日常期待值的機會有很多，**你可以用刻意壓低期待值的方式，引起對方的好感。**

POINT

用「壓低」期待值的方式，取得超乎預料的好印象吧。

壓低期待值提升自我評價的方法

接到工作委託時

✕ 「包在我身上！」

○ 「我先試試看。」

接到困難的工作委託時

✕ 「我會想辦法處理！」

○ 「這對我來說有點困難，您如果不介意，我會試著處理看看。」

被人期待時

✕ 「我會盡量提出多一點結果！」

○ 「我想先提出一項實績給您過目。」

用壓低期待值的方式引起對方的好感

2-5 在飯局中展現「良好的家教」

各位知道用餐場景多的連續劇容易受歡迎嗎？

吃飯時容易顯現出人私底下的一面，所以我們會對用餐場景留下好印象，產生親近感。這是自古就被人們發現的一種現象，名為**「午餐效應」**。

午餐效應是美國的心理學家葛瑞格利・拉茲蘭（Gregory Razran）從研究結果中提倡的理論。他調查人們在用餐前和用餐途中交換意見時，哪一種場合對對方較有好感，結果是用餐途中會逐漸對對方產生好感。

這代表**用餐不只是為了果腹，也會影響人心**。

舉例來說，不論是政治家的密會還是相親活動，這些為了促進交情的聚會勢必都會配上一場飯局。用餐可說是人與人交流時不可或缺的一環。

所以**在飯局中最適合提升自我形象**。

不妨在飯局中展現出**「優雅」**和**「家教良好」**的一面吧。用餐技巧這種餐桌禮儀自然也要留意，但我希望你特別注意用餐速度和面對店員的態度。

用餐速度很快的人會給人急躁的印象，尤其大部分的男性吃得都比女性還要快，所以跟女性用餐時，提醒自己配合女性放慢用餐速度吧，訣竅是吃完一口就把筷子、湯匙或叉子放在桌上。這雖然是基本常識，但這一點小動作就能讓你的形象截然不同。**只要提醒自己配合對方的步調，基本上都能過關**。

其他還有很多在飯局中展現自己的機會，比如分菜、讓結帳變得更快速等等，每種技巧都能靈活運用。

我跟工作夥伴一定會去吃飯。表面上是為了促進交情，但如前述所說，展現優雅和家教良好的一面才是我真正的目的。讓對方留下優雅的印象後，80頁提到的暈輪效應也會帶來影響，光是這樣就能營造出能幹的感覺。**一起用餐**

時人們會下意識觀察對方的舉止，進而聯想到工作能力。

我二十幾歲就升上了業務的管理職位，所以很多部下年紀都比我大。為了博取信賴，在他們心中留下好印象，我也採取了這個作戰方式。

此外，我也會盡量跟經營者的客戶在飯局中談生意。為了讓自己的發言更有說服力，我會在飯局中展現自己務實可靠的一面。因為我會留意這些細節，才能獲得不少實績。

用餐時對方容易產生親近感，不妨趁此機會展現出家教良好又能幹的一面吧。

POINT

用餐具有影響人心的效果，試著展現出「優雅」和「家教良好」的一面吧。

2-6 用周全的準備演出偶然

讀心師在表演前不會彩排。

明明是絕對不能失敗的表演卻不彩排，基本上不太合理，但我們真的不會彩排。理由很簡單，因為沒有觀眾。

我們的表演中會出現透視觀眾思考，預測觀眾行動等超常現象，所以在沒有觀眾的地方彩排根本沒有意義。

讀心師會觀察當天觀眾數量、場子熱不熱，以及觀眾的神情和表現來調整演出內容。此外，因為觀眾常常會不按牌理出牌，我們的即興發揮也變得越來越強。讀心師的即興能力都是在舞台上鍛鍊出來的。

擅長即興發揮的人有什麼特色呢？

是不是「腦袋轉得很快，說話很流利」？不對，**話題豐富、精通雜學的人才擅長即興發揮**。要舉例的話，比如通告藝人伊集院光先生，以及以知識王著稱的搞笑團體「奶油濃湯」的上田晉也先生。簡而言之，**即興發揮的本質就是周全的準備**。

但**最重要的是，必須表現出自己擅長即興發揮的能力**。

讀心師和部分占卜師為了即興發揮精心準備時，會運用名為**「熱讀術」**的心理技巧。

所謂的熱讀術，是透過詳細的事前調查看穿對方過去和本性的一種技巧。雇用偵探的時候，偵探也會用各種方法事先調查出個人情報，比如裝成第三者試圖接觸家人。

除了事前調查之外，有些占卜師會在占卜前派暗樁到等候室不著痕跡地假裝攀談，藉此蒐集情報。

明白其中的手法後，你可能會覺得這只是一種騙術，但結合了巧妙的話術包裝後，其實意外地很難察覺，有些老實人可能還會深信不疑。我說的只是部分的占卜師喔。

替換成商務場合後，你可以事先調查待會要見面的人有什麼興趣，家庭結構或喜歡的食物，基於這些情報提出對方會感興趣的話題，對話就會熱絡起來，成功獲得對方的信任。

假設對方的興趣是「重訓」好了。

自己「最近都沒運動所以變胖了，我想瘦身，卻不知從何下手……」

對方「喔，可以試試重訓啊！」

自己「原來如此！你覺得我適合哪種訓練啊？」

像這樣**假裝偶然提起，將對方帶進準備好的話題**。現在這個時代很容易就能從ＳＮＳ等管道獲得對方的情報，比想像中還要簡單。

這裡有個重點，**自己也得準備一個跟這個話題相關的問題**。

如果是上述的例子，就可以問「聽說喝太多高蛋白粉會變胖，是真的嗎？」只要利用「常見的疑問」＋「是真的嗎？」這種提問形式即可。不經意提起話題，可以營造出偶然的假象，對方也會認為你是話題豐富的人。

不但可以讓話題熱絡，還能讓對方留下好印象，可說是一舉兩得。

POINT

談論準備好的話題時，切記不可急躁。在對話的最後八秒鐘決勝負吧。

聽說喝太多高蛋白粉會變胖，是真的嗎？
啊，這個嘛~

假裝偶然提起，將對方帶進準備好的話題

1 往對方感興趣的話題方向提出疑問

「最近都沒運動所以變胖了，
我想瘦身，
卻不知從何下手……」

2 如果猜中的話

「原來如此！
你覺得我適合哪種訓練啊？」

3 準備好「常見的疑問」＋
「是真的嗎？」的提問形式

「聽說喝太多高蛋白粉會變胖，
是真的嗎？」

可以讓話題熱絡，
還能讓對方留下好印象

2-7 臨走前刻意中斷話題再走

我在第1章最後有稍微提及，《古畑任三郎》這部連續劇真的是增進溝通能力的寶庫。

主角跟犯人對話時常常說到這句台詞。

「這樣啊～感覺怪怪的呢～我之後再過來。」

臨走前聽到這句話的犯人哪受得了這種刺激，總會在意得不得了，甚至主動提問「哪裡怪怪的？」。

起初站在主角古畑這邊，卻對一步步被逼入絕境的犯人產生移情作用，心想「你何必問啊……」的觀眾應該也不在少數。

人們會對臨走前聽到的話留下深刻的印象。

這是美國的心理學家諾曼・H・安德森（Norman Henry Anderson）基於實驗結果提倡，名為**「新近效應」**的理論。他在實驗中進行模擬法庭，觀察證言提出的順序會如何影響陪審團的判斷。他實驗了非常多種情境，但不論是何種情境下的法庭，最後提出的證詞都能成功說服陪審團。

這就關係到「人容易對最後發生的事留下印象」的心理現象。據說**臨走前人的記憶會被改寫**。

那麼，我們要如何在最後讓對方留下印象呢？

首先是**用一句話把話題帶回去**。

跟對方聊天時，在最後一刻提出對話中讓自己印象深刻的話題，能撩動對方的認同欲求。把印象深刻的話題描繪得越具體，就能給對方帶來越大的衝擊。

「**你今天跟我說的那間咖啡廳**的軟乎乎鬆餅，我一定要找機會去吃。」

「**你剛剛說的那句格言**讓我非常感動，下次我也要說說看。」

「**你剛剛介紹的那本書**，我實在太好奇後續的劇情了，待會我要繞去書店買回來看。」

表達得越具體，對方就能深刻體會到「你有仔細在聽我說話」，心情愉悅後，自然就會對你產生好印象。

另一個方法是，**不經意提出讓對方感受到積極性的話題再結束**。

內容雖然充滿積極性，但方法跟一開始提到的古畑任三郎一樣，用「下次見」這句話跟對方道別後，再補上這些話。

「**對了，有個人說想和○○見個面，下次再介紹你們認識。**」

「**對了！打高爾夫的日期已經決定了，待會再告訴你。**」

「你很想去的那個演唱會，我已經有票了，之後再跟你聯絡。」

用這種說法，**對方就會對你說的話耿耿於懷，在積極的狀態下將你的印象烙印在記憶中**。

就算對方央求「現在告訴我嘛」，也要毫不留情地說「不了，還是下次吧」中斷話題。

我常常用這一招，但不可思議的是，幾乎所有人都不覺得感覺很差。如果有讓對方感受到積極性的話題，不要當場提出，試著當作臨走前的最後一句話吧。

POINT
把話題帶回去時，在八秒內不經意提出積極性的話題吧。

如何提升臨走前的印象

1 把話題帶回去

告訴對方你會把對話中得知的情報付諸實行

2 不經意提起積極性的話題

留下「下次再說～」、「之後再提～」的暗示

對方會對你說的話感到好奇，
在積極的心態下將你記在腦海裡

2-8 擅長中斷話題的人，也要帶著感激之情結束對話

「聯誼時不受歡迎的男性特徵」和「不喜歡參加媽媽聚會的理由」兩者有個共通點，就是「不想聽別人炫耀」。

長時間聽別人炫耀確實不太好受，可這種人偏偏也會做同樣的事。

上個章節提到的**在臨走前留下餘韻的一句話，也能有效打斷冗長的話題**。

就算話題很無聊，聆聽對方說話依舊是溝通的一大重點。可是聽對方喫喫不休地說個沒完，就算有再多時間也不夠。話雖如此，卻又不知道如何打斷話題。

若想讓話題告一段落，會給人一種「急著想結束話題」的感覺，有惹惱對方的風險。一直偷瞄手錶、收拾桌上的東西，都是暗喻「好想早點回去」的行為。結束話題的方式會改變我們在對方心中的印象，因此至關重要。

雖然可以用「抱歉，我待會還有事」或「時間不太夠了」這種方式中斷話題，卻會讓對方產生愧疚心理，所以才要**「帶著感激結束冗長的對話」**。

「每次跟〇〇聊天都覺得好開心喔，真的很感謝您。」

「今天也很感謝您分享這麼多寶貴經驗。」

話題變得冗長時，先拋出「你的話題很有趣」、「我對話題內容很有興趣」，再用「謝謝」表達感激之情，這樣對方就不會產生「把話題拖太長」的愧疚感。

分開之後，用電子郵件再傳達一次感激之情，就能加深對方心中的好印象。

「我想再跟您約個時間，能告訴我您什麼時候方便嗎？」
「改天能再跟我多分享一點嗎？」

如果在表達感激時能加上這種體貼對方的說法，就算你中斷話題，也不會在對方心中留下不好的印象，反而會對你產生好感。

看到這裡還是不太敢打斷話題的人，就使用**「鬧鈴」**吧。覺得話題被拖長時，就設定跟來電鈴聲一樣的鬧鈴聲。

就算話題再長，電話一響總是個中斷話題的大好機會。現代人基本上都會隨身攜帶智慧型手機，想打斷又臭又長的話題時，就試著採取這種做法。在對話過程中假裝拿手機查資料，趁機設定鬧鈴，並不是多困難的事。

你當然不必假裝接聽電話，因為演技不好馬上就會被拆穿。

但你可以接受來電的事實，表現出自己聽得太忘我沒發現時間流逝的樣子，接下來的流程就跟前面一樣了。畢竟只是演戲，就別拘泥太多吧。

POINT
鬧鈴一響就要在八秒內中斷話題，別忘了表達感激之情。

2-9 沒消息就是好消息？運用「擔心」和「安心」的差距

我非常喜歡漫畫《烏龍派出所》，也就是《這裡是葛飾區龜有公園前派出所》的主角兩津勘吉和大原所長的互動。兩津總是詭計多端，得意忘形毫無分寸，被大原所長罵得狗血淋頭。之後大原所長會擔心自己是不是罵太兇了，兩津卻絲毫不理繼續闖大禍，基本上都是這種劇情。就算吃盡苦頭，大原所長還是每次都會擔心，真的是很體貼的上司。

我在培訓新進員工時，經常聽到以下兩個煩惱。

「被上司臭罵一頓之後，下次見面就很尷尬。」

「跟同事在工作上發生衝突，我不知道之後要怎麼聯絡他。」

我懂各位的心情，但試著想想對方的感受吧。臭罵你一頓的上司會因為「好像罵過頭了」而後悔，在工作上發生衝突的同事會因為「我的口氣太差了」而耿耿於懷。設想對方也會產生罪惡感，並把這份罪惡感演出來。

比方說，你把工作搞砸或犯錯，被上司或前輩狠狠糾正時，先徹底表現出謝罪反省的態度，這樣對方就會產生罪惡感。**重點來了，你要在事發後一段時間內避免和對方見面和交談**。

如此一來，對方就會擔心自己「是不是罵太兇了」，開始在乎你的心情。因為你在最後表現出老實道歉的態度，所以你的優點已經在對方心中留下印象了。

當然，有些上司可能會認為「我只是兇了一點，現在的年輕人真沒用……」，但同時還是會浮現出「他沒事吧？」的擔憂之情。過一段時間後再表現出幹勁十足的樣子，對方就會感到如釋重負。

如果一直見不到面也說不上話，那也有其他方法。

比如平常會馬上回信的人可以晚一點再回信，聊天時會用表情符號的人就把信件內容改得簡單樸素。對話的場合也一樣，只要把口氣變得冷淡點就行。

起初對方可能會認為「你何必擺出這種態度」，同時又會擔心「是不是自己的錯」，逕自產生罪惡感。

再來只要如前面所說，隔一段時間後向對方致歉「我當初太感情用事了」，對方就能放下心中的大石。

擔心和安心的反差感，可以提升你的形象。

這就是**「形象的理想化」**。

你可能會覺得這樣有點狡猾，但善加利用對方的情緒構築更和睦的關係，可說是意義非凡。

跟見了面會尷尬的人保持一點距離，利用對方的罪惡感，把你的形象理想化吧。

POINT

長時間避不見面的話，理想化的效果就會減弱，在一週內讓對方安心吧。

2-10 引導對方說出「對啊」的巧妙會話術

「真是的！大雄！別再玩了，快去看書！」

小時候看《哆啦A夢》，我總覺得大雄媽媽的這句話很刺耳。之後大雄就會丟出「我剛剛正打算要看書啊～」、「聽到那種口氣反而會不想做嘛，哆啦A夢」這些藉口，結果又被哆啦A夢唸了一頓。

我是會把暑假作業留到最後一刻才做的人，所以很懂大雄的心情。如果爸媽對我說「趕快去寫暑假作業！」，我就會馬上失去幹勁。

「一天到晚只會玩」、「快去整理房間」、「遊戲只能玩一小時」，像這種明明心裡清楚，但被罵就想反抗的感覺，應該每個人都體驗過吧。

這種時候產生的反抗心態，在心理學被稱為**「心理抗拒」**。

這是人類感受到自由被剝奪時，為了奪回自由而產生的心理作用。是由美國心理學家傑克．布瑞姆（Jack Brehm）提出的理論。

人們總渴望「自己的事自己作主」，如果在決定「我來看書好了」的那一刻聽到「快去看書」這句話，就會覺得此事不是自己做主，而是被他人強制決定，就會下意識感到抗拒。

不管這些話對自己多麼有益，只要出現這種感覺被限制的心理現象，聽到別人說「別再玩了快去看書！」，就會馬上失去幹勁。

這種心理現象不局限於親子之間，在職場上也不例外。碰到非得說服對方的場合時，就算直截了當地說「照辦就對了！」，對方也不會乖乖聽話吧。

這種時候，**包容、共感、認同這三個步驟就能發揮作用**。

請先站在對方的立場設想看看。拚命說服對方也不會乖乖聽話，那就得先設想對方的想法。

舉例來說，在對方失去動力時，不要直接對他說「拿出幹勁來！」，而是想想對方的思考。

「是不是有什麼無法專心工作的理由？」

「是不是有什麼煩惱？」

這樣就能降低把直覺的想法說出口的機率。

問問對方「發生什麼事了嗎？」，可以感受對方的心情（包容）。

得知原因後再說「我懂你的心情」，理解對方的想法（共感）。一旦有人對自己感同身受，人們就會表現出聆聽的態度。就算自己跟對方的想法有出入，你也可以只在情緒部分感同身受。

最後是**將對方的想法說出口（認同）**。

理解對方的心情是「工作太無聊才提不起勁」後，**就利用對方說過的話回答「是啊，真希望工作時能開心一點」**。

對方就會回答「對啊」，給出和我們感同身受的肯定答覆。再來我們可以引導對方「原來如此，那來想想怎麼增加工作的樂趣吧」。

這樣就會**形成「對方願意把我說的話聽進去」和「自己對對方說的話感同身受」的構圖，讓對方誤以為你站在他那一邊**。

太直接的說法會削弱對方的士氣，讓對方樹立起「這個人沒有站在我這邊」的一道高牆，所以這種方法才格外有效。

利用對方說過的話讓他說出「對啊」這兩個字，就能避免對方產生心理抗拒，邁出引導對方的第一步。

POINT

詢問對方的心情時，切記不要中途搶話。

讓對方心情好轉的說服三步驟

1 詢問對方的心情（包容）
發生什麼事了嗎？
2 對對方的情緒感同身受（共感）
我懂你的心情。
3 將對方的願望說出口（認同）
是啊，真希望工作時能開心一點。
對啊。

利用對方說過的話引導他說出「對啊」二字，讓對方誤以為你站在他那一邊

2-11 讀心師不會自己說出結論

在動漫的戰鬥場面中，幾乎都會用獨白的方式表現出角色的「心裡話」，但你知道這種表現方式幾乎不會出現在漫畫《航海王》的主角蒙其・D・魯夫身上嗎？據原作者尾田榮一郎先生表示，為了讓讀者認為魯夫是個直腸子的男人，他才總是讓魯夫「想到什麼就說什麼」，或是「付諸行動」。魯夫就是個常把心裡話掛在嘴邊的男人吧。

在現實世界中，你是否也曾想過「如果知道對方在想什麼就好了」？為了構築良好的人際關係，我們總會使用「客套話」，無法表達真正的想法。但如果無法理解對方的「真心」，就很難給出符合對方需求的回應，導致溝通這條路變得窒礙難行。

假設你在職場被問到這些話。

「感覺你對工作有些不滿，還好嗎？」

「你是不是有心事啊，還好嗎？」

「如果你有空的話，我想再麻煩你做一件事，可以嗎？」

這種詢問方式，會讓我們基於顧慮和面子問題說不出真心話。就算真的有話想說，大部分也會回答「沒問題」。最後導致雙方想法產生分歧，對彼此都沒有好處。

為了引導對方說出真心話，我們也要在自己的話語中帶入真心。當對方表現出真心的態度，我們也會想坦誠以對，或是覺得老實回答也沒關係，這是一種心理作用，叫做**「自我揭露的回報性」**。

為了表達自己的真心，可以把「老實告訴我」這句話放進對話中。

「感覺你對工作有些不滿，**老實告訴我吧？**」

「你是不是有心事啊，**老實告訴我吧？**」

「如果你有空的話，我想再麻煩你做一件事，**你真的可以嗎？**」

根據你跟對方的距離感，替換成**「說真的」**或**「你就直說」**都可以。將這種話放進對話中，對方就容易說出真心話。

聽到「老實告訴我」這種話還回客套話，會有種「言行不一致」的感覺，讓人不太舒服。畢竟對方都要求自己老實說了，就很難編出謊話。這種現象名為**「認知失調」**，是美國的心理學家利昂．費斯廷格（Leon Festinger）提出的理論，用來表示心中出現兩種矛盾認知時引發的不快感。

明明「老實說也沒關係」，「回答客套話」就顯得矛盾，所以**認知失調引發的不快感，會讓人容易說出真心話**。神奇的是，**只要用「直率」的態度示人，對方也會用真誠的態度面對你**。

此外，談生意的時候也能有效活用這一點。

我做了很多年壽險業務，但客戶拒絕的理由絕大部分都不是真心話，只是因為面子或自尊問題不願說出真實的想法。這時就算跟對方客套的婉拒繼續周旋，情況也不會好轉。

舉例來說，客戶明明因為預算不足不想購買，卻會說出「我要跟家人商量看看」這種藉口。如果進一步詢問「能不能讓我跟家人見面談談？」，對方就得繼續圓謊，這樣就再也無法得知對方的真實想法了。

因此我會在提出商品後詢問「老實說，您對這次的提案有何看法？」，就算被拒絕，也能聽見真正的原因。光是這個小細節，就能讓我改變日後銷售的方針。

在簽約時徹底做到「詢問顧客真實想法」的壽險代理店，成交率就有顯著的提升。因為詢問顧客的真實想法，就能免除不必要的討價還價。

或許不是任何場合都需要和對方坦誠以對，但正確解讀對方的心思，能幫助你進行良好的溝通。

POINT

語氣太平淡的話，對方就不會發現。試著在「老實說」這幾個字加重語氣吧。

用萬全的準備操控自己的形象

沒有觀眾的幫忙，讀心師什麼事也做不成。

這很合理，畢竟我們要讀取對方的心思，預測接下來的行為並進一步誘導，沒有觀眾協助當然無法成立。

所以我們要對觀眾進行印象操控。

在讀心術表演時，我會先用「讀取對方心思的表演」來抓住觀眾的心，比如猜中「初戀情人的名字」或「信用卡的密碼」。這些都是「本人才知道的私密情報」，所以觀眾的驚訝反應是最明顯的。

先拋出這種戲碼，觀眾對接下來的表演就會產生「剛剛的動作是不是暗藏玄機」、「不仔細看可能會錯過細節」等想法，忍不住傾身向前觀看。抓住人心的關鍵就在最初的起跑點。

同理，我在演講或培訓過程中也會加入這個手法。在培訓一開始進行上述的讀心表演後，聽眾就會立刻專心聆聽，效果奇佳。雖然這也是事前準備的一環，但當下要指名哪位聽眾也是一大技巧。

起初要選擇一看就想挑戰自己的人。根據多年經驗，我基本上都能看出眼前的人是抱持善意還是想挑戰我。將「你真的會讀心嗎？」這種想法顯現在表情或態度上的人，其實還不少。

我準備的表演可說是百發百中，不論選誰都能成功，但越是充滿挑戰心的人被猜中，就越容易對我深信不疑。這些人會立刻改變演講或培訓的參加態度，開始認真做筆記並積極發問。

一旦充滿挑戰心的人態度轉變，其他聽眾也會感受到「連那個人都聽得這麼認真，可見講師真的很厲害！」。

這時就要繼續觀察其他聽眾的反應，反應越大的人越容易對我產生興趣，所以接下來的表演就要仰賴這些人的協助。對我好奇的人提供協助後，舞台上的演出就能變得更熱絡。

見狀，其他觀眾就會感受到「居然讓那個人玩得這麼開心，這個講師果然厲害」。

讀心師會操控自己的形象，掌握全場的氣氛。

第2章講述的「提升自我形象的方法」，在日常生活中也是不可或缺的重點。各位不妨落實在每一天的生活中，反覆練習看看吧。

第3章

話題源源不絕，通暢無阻
讓你變成「完美傾聽者」的對話術

3-1

讓聆聽技巧顯著提升，滿足認同欲求的方法

讀心師的表演通常都是讀取並猜測對方心思、預知接下來的行動，簡直就像超能力者，但發生在眼前的現象卻稱不上華麗。

我們不會像魔術師那樣從空無一物的地方變出鴿子，不會把助手的身體切斷，更別說從菜單招牌上拿出漢堡了。

但為什麼讀心師的表演可以抓住觀眾的心？因為我們**「潛入了對方的內心層面」**。

來介紹序章提及的猜猜初戀情人的表演吧。

先準備一張名片大小的白紙。

①把這張紙折三折。

②把紙打開後，請對方在正中央寫上初戀的名字。

③寫完後，請對方再把紙折回三折。閉著眼睛接過紙條後，將拿著紙條的手放在背後，問對方幾個問題。

④之後把紙條拿給對方看，確認是否有透出痕跡，再把紙條放在背後。

⑤最後猜出初戀的名字，讓對方大吃一驚吧。

要解析的話，步驟③的時候將放在背後的紙往反方向折，用拇指遮住對方寫下文字的大概位置，接著在步驟④文字面向自己這一面的時候，偷偷移開拇指確認初戀的名字，再用拇指遮住，最後用放在背後的手把紙往反方向折回來。這樣就能神不知鬼不覺地得知對方初戀的名字。只要明白其中的手法，就知道這個原理非常簡單。

這個表演最看重的是演技部分。當然可以只把初戀名字猜出來，但讀心師會往更深入的層面去猜，讓對方的驚訝程度翻倍。

先作勢讀取對方的心思，並說出以下這些話吧。

「你的眼神是不是一直追著他跑？」

「感覺你表達心意時費盡了千辛萬苦，或是根本說不出口。」

「你有把對方跟自己的名字排列組合過吧？」

大部分的人都會說出「你怎麼連這些都猜得到啊！」。

因為**我說的這些現象可以套用在每個人身上，所以基本上都能猜中**。說不定購買這本書的你也同樣適用喔。

就算不是百分之百準確，也會讓對方有種「搞不好真的是這樣」的感覺。

最後我們還是會猜出初戀的名字，所以這部分完全沒猜中也不成問題。

順帶一提，這段對話可以有效爭取折紙的時間，也能掩蓋折紙的聲音。讀心師的一舉一動都是有意義的。

不要「猜完初戀名字」就結束了，還要用「**那段初戀很美好吧，之後你是不是常常喜歡上同類型的人？**」這種進一步深入對方內心層面的說法，在表演中滿足對方的認同欲求。

是不是覺得這種手法似曾相識？就是占卜。

在對方的溫柔傾聽下，述說深埋心中的戀慕之情。光是這樣就能讓人神清氣爽，對於滿足認同欲求來說是項不錯的服務。

正因為現今人與人的交流越來越少，每個人都想找個地方發牢騷吐苦水，想找個地方痛快地聊聊開心的事。大家都希望有人能和自己聊聊天。

所以「善於聆聽」具有絕大優勢。如果可以滿足對方的認同欲求，讓對方覺得跟你聊天很開心，那就是最完美的聆聽者。

讀心術表演和占卜的共通點就是「**引出話題的方法**」。擅長引出話題，對方就會想繼續聊下去。畢竟不是每個人都是聊天大師，只要拋出精準的提問，讓對方覺得「真虧你能想到這種問題！」，就會心情愉悅，渴望回答問題。

有種方法能有效引出話題，就是心理測驗。

「最近有個心理測驗很流行耶，要玩玩看嗎？」不妨在話題開啟的那一刻拋出這個問題。

有天你待在家裡，忽然間——

①小孩開始哭鬧
②想上廁所
③電話響了
④門鈴響了
⑤發現浴室水龍頭沒關

你會先從哪件事開始解決？請排出優先順序。

問完之後再補上這麼一句：

「這個測驗可以看出你人生中最看重哪個方面。」

順帶一提，①小孩代表「愛情」，②廁所代表「自我」，③電話代表「工作」，④門鈴代表「朋友」，⑤浴室水龍頭代表「金錢」。

如果對方第一個選「③電話」，你就說「你是不是總把工作放在第一順位！」。**猜中了會讓對方大吃一驚，沒猜中也能引出對方的價值觀**。能得知對方價值觀或性格的心理測驗，不只能讓話題熱絡，還能了解對方最重視的想法。再來只要好好聆聽對方說話即可，就能滿足對方的認同欲求。

POINT

為了讓對方更好開口，不妨先聊聊自己的價值觀吧。

3-2 用讓人難以抵抗的「太〇〇了吧」取得對方的信賴

我在綜藝節目《毒舌糾察隊》的單元中，第一次知道「拍馬屁藝人」這個詞。搞笑團體「大草原」的高橋茂雄先生的拍馬屁橋段，處處都是值得參考的重點。

跟前輩喝酒時，用「今天喝得太開心了，根本可以錄成ＤＶＤ吧」這種話表達自己的喜悅。如果是不喜歡吹捧的前輩，他就跟前輩一起去上廁所，用微弱卻聽得見的音量自言自語地說「今天喝得很開心」。

當時我相當佩服，覺得一般人也能使用這些討好前輩的技巧。

讀心師有種彷彿能讀取對方心思的技術，就是名為**「冷讀術」**的對話技術。冷（cold）代表「在毫無準備的狀態下」，讀（reading）代表「讀取對方心思」。

換句話說，這是一種無須事前調查或準備，也能表現出讀取對方心思的技巧，上個章節提到的「可以套用在所有人身上的問題」也是冷讀術的技巧之一。利用這個對話技術能讓對方容易敞開心房，促進彼此的關係。

要學會冷讀術必須透過長年的訓練，所以我會整理出精華，讓正在閱讀本書的你也能使用。我們要用提問的方式抓住對方的心。

其中一個是**「極力讚美的提問」**。

所謂的「極力讚美」，就是像一開始介紹的那樣讚美他人。每個人聽到讚美都會很開心，只是太過刻意也會造成反效果。但如果突破這個難關予以讚美，效果會相當驚人。那該怎麼做呢？**只要使用「太～」的句型提問即可**。

想稱讚對方態度勤懇時，就算用「〇〇，你很認真耶」，對方也不會有被讚美的感覺，但利用極力讚美的效果就不一樣了。

「〇〇，你是不是對自己太嚴苛啦？太自律了吧。」

再舉其他例子來示範吧。

「你對後輩太溫柔了吧？這樣我們會太依賴你耶。」

「你也太會做簡報了吧？等等輪到我還能說什麼啊。」

像這樣極力讚美並提出疑問，對方就無可反駁。雖然很害羞，心裡卻充滿了喜悅。

一旦被極力讚美，人就會變得無可反駁。因為否定讚美的人，就是在否定那個人稱讚的「表現優秀的自己」。

而且被稱讚後，對方會因為「原來自己還有這個優點」感到開心，也會對發現自己優點的人抱有好感。

利用「極力讚美的提問」跟對方聊天時也能熱絡許多。對一般人來說，「太~」也是經常使用的迷人字眼，不妨嘗試看看。

POINT

不上不下的讚美會讓人起疑，總之極力讚美對方吧。

讓對方心情好轉的「極力讚美的提問」

讚美對方時
「○○，你很認真耶。」
「○○，你是不是對自己太嚴苛啦？
太自律了吧。」

一旦被極力讚美，人就會變得無可反駁，
也會對稱讚者抱有好感

3-3 間諜也在使用的方法，用引出怨言的提問拉攏對方

「活在這個世上，煩惱無窮無盡啊。」

這是《煩惱無窮無盡啊 相田光男的生命格言》書中收錄的一句話。

人類只要達成一個目標，滿足一項渴望，就會出現下一個欲求，陷入永遠欲求不滿的狀態，難怪煩惱會無窮無盡。不論是積極還是消極層面，我心中都有很多煩惱，所以總能從這句話中找到救贖。

人人心中都有煩惱與不安，**引出對方心中的煩惱與不安，不但能取得對**

方的信任，而且效果奇佳。上個章節提到的冷讀術有種**「擔心式提問」**的手法，可以引出對方心中的煩惱與不安，有效取得對方的信任。

若要大致區分人類的煩惱，基本上都能套用「戀愛」、「金錢」、「工作」、「健康」、「人際關係」這五大類。

若以世代區分，二十歲以下是戀愛，三十幾歲是工作，四十幾歲是金錢，五十歲以上是健康煩惱居多。至於人際關係則是每個年齡層共通的煩惱。所以只要問對方「你是不是正在為人際關係苦惱？」，基本上都能猜中，就算沒猜中，也很容易將話題轉移到他目前的煩惱，引出他心中的煩憂。

但除非你是占卜師，否則劈頭就問「你現在是不是正在為〇〇苦惱」，感覺有點不自然，也有被對方逼問「為什麼問我這種事？」的風險。要將這種對話技術落實在日常生活中，還需要多下一道功夫，**試著在提問時加上「擔憂之情」吧**。

「你臉色不太好耶，有什麼心事嗎？」

「你的感覺跟上個月聊天的時候不太一樣耶，怎麼了嗎？」

「你看起來比平常還要累耶，遇到什麼困難了嗎？」

加上「我很擔心你」的心情說出「擔心式提問」，對方就會認為「你有發現我不太尋常，所以來關心我嗎」，乖乖地接受你的關切。雖然隨便找個理由瞎猜也有不錯的效果，但表現出你看到對方的表情或舉止感到憂心，感覺會更真實。

而且近年來在SNS發文抒發煩惱或不滿的人也很多。我們也可以從這裡挖到一些情報，之後再用「發生什麼事了？」這種「擔心式提問」也很有效。

簡而言之，**只要製造機會讓對方說出煩惱或怨言就行了**。前CIA情報員J・C・卡爾森在著作《CIA教你用情報術搞定工作》中提到，過去為了從初次見面的人身上獲得情報，她也用了這項技術。可見「擔心式提問」是連間諜都會使用的有效方法。

讓對方說出煩惱或不安還不夠，重點是不能置之不理。如果是你也無法解決的煩惱，就好好詢問「對方想怎麼做」，再對他的判斷表達支持，才是明智之舉。**光是和對方共享煩惱，他就會對你產生好感**。

POINT

表達「我很擔心你」時，表情也很重要。用全身的動作表達你的關切吧。

用擔心式提問讓對方說出煩惱

✕「你有心事？」

○「你臉色不太好耶，
有什麼心事嗎？」

✕「怎麼了嗎？」

○「你的感覺跟上個月聊天的時候
不太一樣耶，怎麼了嗎？」

✕「遇到困難了嗎？」

○「你看起來比平常還要累耶，
遇到什麼困難了嗎？」

**光是和對方共享煩惱，
他就會對你產生好感**

3-4 只要提問「本來覺得○○，但其實△△？」，就能讓對方產生關係良好的錯覺

電影或連續劇裡的人格替換，是科幻作品中常見的設定。但都已經變成完全不同的人格了，為什麼周遭的人不會發現呢？可能是因為被發現故事就會結束，但每個人其實都有堪稱「雙重人格」的「雙面性」，很多時候也會用到「表裡不一」這種形容。

「表裡不一的性格」不會用在正面的形容，「陰險狡詐」或「偽君子」這些詞也常用來揶揄他人。我的血型是「ＡＢ型」，所以經常被這麼說。

這種活用人人都有的「正反面性格或性質」的冷讀術技巧，我稱之為**「雙重人格式提問」**，跟對方聊天時能有效炒熱氣氛。

只要說「你有外向又善於交際的一面，但也有內向又細膩的時候」，就能套用在大部分的人身上。

畢竟沒有人天天開心，也沒有人天天鬱悶，所以有些人聽了這句話就會覺得「我的個性被他看穿了」。

我在表演時也經常使用這個手法，但該如何用在日常對話中呢？**只要描述對方外在表現的性格，同時說出「其實你……」這種完全相反的性格即可。**

「○○雖然有種難以親近的感覺，其實是個直爽的人吧？」聽到這句話，對方就完全無法反駁了吧。因為這種猜測雙面性質的提問幾乎能套用在每個人身上。

假設你猜對了，因為都是對方平常不會展現在外的部分，就能讓對方產生「這個人很了解我」、「他觀察得很仔細」這種錯覺。

就算對方回答「沒這回事」，極有可能是謙虛的說法，所以只要回答「是嗎？那我誤會了」就沒問題。

「我本來覺得你很能幹，其實你私下非常努力吧？」
「我本來覺得你是三分鐘熱度，其實你的好奇心很旺盛吧？」
「我本來覺得你很苛刻，其實你很會為別人著想吧？」

我們可以像這樣點出人的雙面性，讓話題熱絡起來。

重點就是要把正面的性格放在後半句。

因為使用逆接的連接詞，就能強調後半句給人的印象。

「你雖然有點迷糊，但是滿有趣的。」
「你雖然滿有趣的，但是有點迷糊。」

就像這樣，只是將前後順序顛倒，給人的印象就截然不同。使用雙重人格式提問時，記得要把正向性格放在後半句。

猜測雙面性的「雙重人格式提問」是簡單又有效的對話技術，因此可以當成加深對方信賴的第一步。

POINT

每個人的確都有雙面性，所以對方否認也不要氣餒。

用雙重人格式提問炒熱話題

每個人都有雙面性

三分鐘熱度 ⟷ **好奇心旺盛**

用猜測雙面性的方式提問

✕ 「你看起來好奇心很旺盛，
但其實只是三分鐘熱度吧？」

把正面的性格放在後半句

〇 「我本來覺得你是三分鐘熱度，
但其實好奇心很旺盛吧？」

可以當作加深對方信賴的第一步

3-5 用超隨便的提問製造驚喜感

日本年末的JUMBO彩券中頭獎的機率是「兩千萬分之一」，聽起來好像沒什麼概念，但要在七個米袋中一次就找出一粒有顏色的米，幾乎也是這個機率，可說是微乎其微。

換個例子，其實跟骰子連續九次骰出一的機率也差不多。這樣說起來難度似乎很高，但又覺得有機會成功。

不過挑戰一次就要花三百日圓，可能會讓人有些卻步。明知如此卻又想挑戰看看，這就是彩券的魔力。

你們有看過讀心師猜中機率這麼低的事情嗎？不妨來試試看吧。

「你是不是跟名字叫真由美的人很有緣？」

正在閱讀這本書的你有遇過真由美小姐嗎？

家人或朋友？

職場上的同事？

過去的戀人？

或是妳自己就是真由美小姐？

被猜中的人可能會覺得「咦！你怎麼會知道？」，但這也是冷讀術的一種，俗稱**「歪打正著式提問」**。

「歪打正著式提問」是冷讀術中效果最強的手法。這也難怪，畢竟跟上個章節那種人人都適用的性格理論不一樣，這種手法完全沒有線索可循。

但畢竟都用上「歪打正著」這四個字了，表示能猜中是完全靠運氣。仔細想想就能理解，「很有緣」這種問法其實很籠統。

在過去認識的這麼多人當中，可能真的有一位「真由美小姐」。其實很多出生在昭和後期（一九八〇年代）的人會取這個名字。

這裡順便介紹其他年代好了，昭和後期～平成初期（一九八〇～二〇〇〇年）出生的人，大部分會取這些名字。

「大輔、健太、誠、直樹、拓也、祐介、翔、優太、和也」

「真由美、愛、舞、惠、優子、麻美、美嘉、友美、美穗、真子、薰」

平成中期～平成後期（二〇〇一～二〇一八年）出生的人，大部分會取以下這些名字。

「翔太、翔、健太、廉、大貴、弘人、翼、蒼太、拓也」

「美咲、葵、陽菜、櫻、愛、唯、奈奈美、愛實、未來、美月」

這樣就很容易猜中吧。但在讀心師營造的氣氛中聽到這句話，就會覺得「他為什麼猜得到？」。有些人可能會想不出自己跟那些人有過交集，這時候就說「你可能只是忘記了」。雖然有點狡猾，但這樣說就對了。會不會落入這個圈套雖然因人而異，卻的確是能用來抓住人心的好方法。**我們可以從對方的外觀和談吐，用「亂槍打鳥」的方式猜測他的性格或職業**。

「你以前是不是想當主播？」，只要拋出這個問題即可。猜對的話就回答「果然沒錯！」，猜錯的話就回答「奇怪，難道不是嗎？」。畢竟只是隨便瞎猜，答錯的機率很高，**但在後面補上「因為××我才以為○○」這句話才是重點**。訣竅就是在「××」中偷偷放進稱讚對方的詞彙。

如果用前面的範例說明，感覺就是**「因為你口齒很清晰，我才以為你想當主播」**。此外還有這些例子。

「你是不是東北人啊？」→**「因為你皮膚很白，我才以為你是東北人」**

「你是不是在服飾業工作？」→**「因為你很時髦，我才以為你在服飾業工作」**

「你有練過體操嗎？」→**「因為你身材很緊實，我才以為你練過體操」**

以猜錯為前提，做好稱讚對方優點的準備。若要以簡單易懂的形象舉例，就是藝人高田純次先生在節目中表現的那種超隨便態度。

「有人說過妳跟松嶋菜菜子很像嗎？咦，沒有嗎！那確實不太像。」

「你以前練過什麼運動嗎？咦？沒有喔？我就知道！」

哎呀，高田先生真是天才啊。

不必把這項技術想得太複雜，只要抱著「能猜中嗎？」的心情隨便試試就好。萬一真的猜中了，那就是這個對話技術的有趣之處。

對方一定會大吃一驚地說「你怎麼知道？」吧。這時你要忍住「嗚哇，居然猜中了！」的興奮之情，擺出帥氣的表情回答「我就知道！」。

POINT

就算猜中也不要說出理由，你會立刻變成令人好奇的存在喔。

用歪打正著式提問製造驚喜感

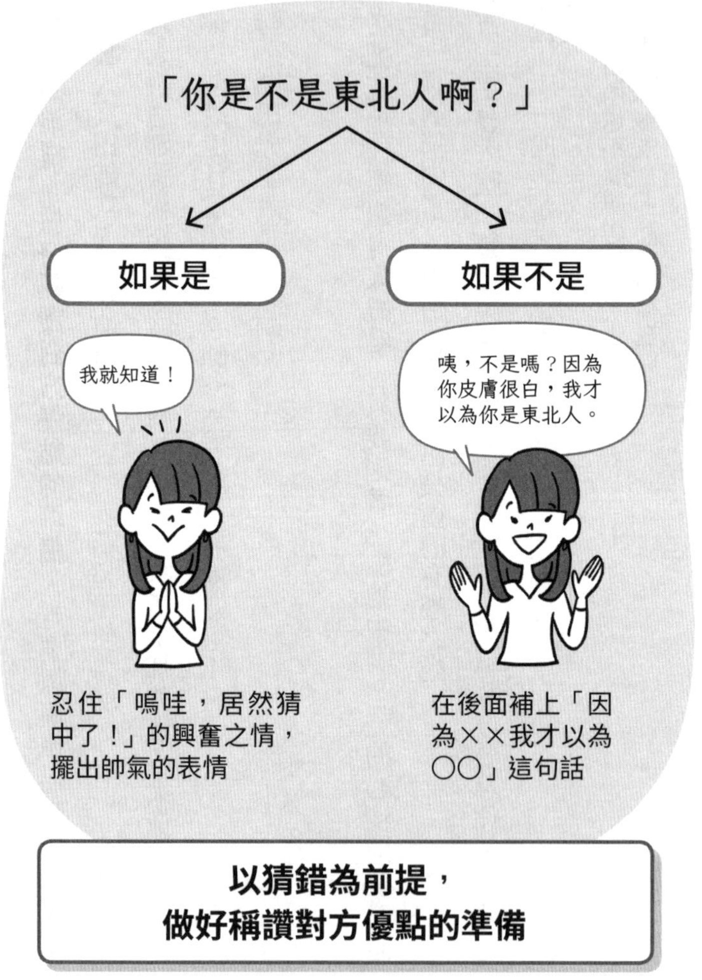

「你是不是東北人啊？」
如果是
如果不是
我就知道！
咦，不是嗎？因為你皮膚很白，我才以為你是東北人。
忍住「嗚哇，居然猜中了！」的興奮之情，擺出帥氣的表情
在後面補上「因為××我才以為○○」這句話
以猜錯為前提，做好稱讚對方優點的準備

3-6 「點頭時」只能做這三種動作

各位知道東京台場的日本科學未來館，曾經展示過名為「點頭小子」的機器人嗎？這個機器人雖然聽不懂人類的語言，卻會在人類說話時做出點頭動作。

體驗過「點頭小子」的人都認為「雖然知道機器人無法理解語言，不知為何卻覺得對話能成立」。

此外，山形大學和北海道大學在二〇一七年的共同研究中，發表了「點頭會提升一個人的好感度」的研究成果。研究人員將CG生成的女性臉孔放在螢幕上，讓四十九位十八歲以上的男女觀看，請受試者用數值評論「滿意」和

「容易親近」等印象。

將CG臉孔設計成「上下點頭」、「左右搖頭」、「面向正前方」三種動作進行驗證後，跟其他CG相比，「上下點頭」在滿意和容易親近的好感度高出了三～四成。

人類在溝通時並非只靠言語，還會透過非言語的動作交流接收對方的情緒，**「點頭」就是表示認真聆聽對方說話的動作**。

不過，目不轉睛地凝視對方雙眼，對方每講一句話就上下點頭，感覺有點不自然。

重要的是聆聽對方說的話，**「在最恰當的時間點認真點頭」**，這叫做**「言語調整動作」**。身為聆聽者的你，要配合對方說話的步調表現出「我有在聽」的感覺。想在適當的時機點頭，請注意以下三個重點。

①看著對方的眼睛點頭

大多數的國外高階主管都很擅長這件事。不經意地和對方四目交接，點頭時微微傾斜頭部。不需要直盯著對方，而是營造出你在認真聽對方說話，自己也在思考消化的感覺。將雙手放在桌上，在身體前方輕輕交疊，也可以展現出知性的感覺。

②用簡短明快的方式點頭

不會好好點頭回應的典型例子，就是像機器人一樣單調重複點頭的動作。這樣看起來很機械化，因此比起不斷重複，還是用簡短明快的方式點頭更有效。

③在對方話題結束時點頭

點頭時最重要的就是時間點。如果像說明書那樣一味地「嗯嗯」點頭，會讓對方覺得你沒有在聽他說話。最能讓人留下印象的做法，是在對方話題結束，說出最後一句話時點頭。運用點頭的時機，灌輸你對對方的話題感同身受的印象吧。

只要留意這三個重點就可以了，這麼做能讓認真聆聽的你變得更有存在感。

如同我在本章節開頭說的那樣，光是表現出聆聽對方說話的態度，就能滿足對方的認同欲求。如果再把點頭時機抓得更準確，就會帶來同樣，不，應該是更卓越的效果。

POINT

點頭點太久會造成反效果，把一次點頭的時間控制在八秒內吧。

點頭點頭
原來如此。
嗯。
點頭小子
試著跟他說幾句話吧

3-7 在精準的時間點做出「驚訝的反應」表示好奇

剛進公司的時候，我學到了「回應五字訣」。

不：不愧是你！
知：我都不知道！
厲：好厲害喔！
品：你真有品味！
真：真的假的！

類似在稱讚對方的回應。其實我當時覺得怪怪的，但還是一直使用這套回應五字訣。前輩把這個方式當成教戰守則教給我時，我還覺得很老套，後來才再次體會到這是適用於任何時代的回應基本功。

「回應」是一種表示你在認真聽講的同意、同感詞。如果對方只是默默聆聽，人就會懷疑對方是否有在聽自己說話，所以溝通時一定要搭配回應。

除了豐富的語彙之外，向對方表現「驚訝之情」也能讓回應充滿效果，文章開頭提到的「回應五字訣」就是這個道理。此外還有很多表達驚訝的回應。

比如「我都沒發現！」、「是喔！」、「好有趣喔！」，連同語氣表現出驚訝的感覺吧。寫成文字的話，就是得加上驚嘆號的驚訝表現。

驚訝的行為能表達你對對方的話題「感到好奇」，強化感同身受的印象，因此對方對你的好感就能更進一步。

此外，若用「我懂！」、「的確是耶！」、「真的耶！」這些回應表達同感與贊同，對方會覺得更自在，放心地延續話題。我把這個現象稱為**「贊同**

效應」，對高協調性的日本人效果絕佳。

不管用什麼方式回應，都要注重「表達驚訝」的效果。

由我負責培訓新人的某間美容院，就是針對回應的方式徹底訓練。

總之我要他們特別留意「驚訝之情」，如同前面說的加上驚嘆號的感覺。客人很喜歡「咦，真的假的！」、「第一次聽說耶！」這些反應，於是指名新人設計師的客人增加，最後也提高了整間店的營業額。

原本的目的是讓新人設計師跟客人聊天時語氣不要太平淡，但「驚訝的反應」卻引出了客人的好感。

對回應感到棘手的人，不妨先用「回應五字訣」展現驚訝反應開始吧。在對方眼中，認真聆聽的你可是魅力十足喔。

POINT

驚訝的回應能加快對話的節奏，所以把驚訝之情也融入表情中吧。

表達好奇的贊同效應

用「回應五字訣」表達驚訝之情

不 「不愧是你！」

知 「我都不知道！」

厲 「好厲害喔！」

品 「你真有品味！」

真 「真的假的！」

用驚訝的反應引出對方的好感，
強化感同身受的印象

3-8 基本上不坐著，用全身上下表現出「笑容」

讀心師幾乎不會坐著表演。當然，我們在舞台上表演的機會很多，也是為了誇大表演張力，但我們會用全身上下來傳遞情報。

有時轉移觀眾的視線，有時讓人把注意力放在自己身上，這種肢體語言可以牢牢抓住觀眾的心。

我雖然不會講外語，但也會去國外演出，簡單拼湊單字的對話也能取悅觀眾。讀心術的表演就是透過跟觀眾對話逐步建立而成，**比起對話本身，留意利用表情或肢體語言等視覺情報更容易傳達想說的事。**

聆聽對方說話時，視覺情報比內容本身更容易抓住對方的心。

比起語言，用全身做出反應才是對話時最重要的事。在心理學家艾伯特・麥拉賓（Albert Mehrabian）提出的**「麥拉賓法則」**中，將溝通時的三大重點行為給對方留下印象的程度化成百分比，就呈現出以下結果。

①語言（語言情報）：7%

②聲調或語氣（聽覺情報）：38%

③表情態度，肢體語言（視覺情報）：55%

如上述所示，視覺情報占了大半。點頭的時間點和驚訝的反應，都包含在視覺情報內。比起話題內容這種語言情報，視覺情報給對方留下的印象可謂更加深刻。跟其他人溝通時，表情或肢體語言發揮了相當大的作用。

剛剛說的都是通論，**但要滿足對方的認同欲求，必須留意「笑容」的重要性**。

笑容能提升在別人心中留下的印象，只要笑口常開，就能讓對方對你產生好感。但聽到這種說法，大多數人以為只要注重「表情管理」即可，**但善於聆聽的人會用全身上下表現出笑容**。

首先是表情。有聽過「眼中沒有笑意」這種形容吧，這是因為只用嘴角擠出笑容的關係。為了避免表情變成苦笑或敷衍的笑，試著讓眼角擠出笑紋吧。

男性可以想像演員田中圭先生，女性可以想像長澤雅美小姐，就能露出對對方毫無警戒的笑容。各位笑的時候不妨注意一下眼角的笑紋。

再來也要掌握手勢和肢體的運用方式。肢體動作是留給對方相當重要的非言語情報。

展現笑容的時候，可以**「拍手」**或**「抱著頭或腹部」**，這樣也能表現出歡笑的模樣。

為了用全身上下表現笑容，我會提醒自己盡可能站著說話。要是跟對方之間隔了一張桌子，就沒辦法讓對方看到全身的動作了。

在某些場合這樣做當然會有失禮儀，或許不能讓自己看起來高尚優雅。雖然要考慮使用時機，但如果是無傷大雅的場合，就應該盡量使用。

用全身上下表現「笑容」，會讓對方認為「這個人覺得我的話題很有趣，而且充滿興趣」。跟你聊天能感受到開心又積極正向的氛圍，對方就會更想繼續聊下去。話題熱絡不但能加深雙方的關係，生意也更容易談成。

要建立信賴關係，「就用全身上下表現笑容」，就這麼簡單。

POINT

運用肢體語言，就能露出發自內心的笑容，對曾經被說過「眼中沒有笑意」的人效果絕佳！

3-9 配合對方三種情緒改變「說話方式」

除了視覺情報外，也要留意聽覺情報，就能跟對話的人進一步加深信賴關係。我們要配合對方，改變自己的說話方式。

人會對跟自己相似的人產生親近感，所以有種名為**「鏡像效應」**的心理技巧，是透過像鏡子（mirror）一樣模仿對方的言行舉止，讓對方產生好感。

運用鏡像效應時，不是單純模仿對方的言行舉止，而是用「聲調」或「節奏」配合對方喜怒哀樂的情緒，這樣就能告訴對方「我有感受到你的情緒」，感覺彼此的感情正在同步。

而且不能只是單純配合，重點在於配合時表現得比對方略微誇張。配合對方以下這三種情緒做出回應吧。

喜悅、開心的情緒：聲調偏高，節奏容易加快

配合的說話方式：**聲調比對方更高，將節奏加快**

悲傷、難過的情緒：聲調容易偏低，節奏時快時慢

配合的說話方式：**聲調比對方更低，配合節奏說話**

憤怒、衝動的情緒：聲調時高時低，節奏容易加快

配合的說話方式：**配合對方的聲調，把節奏放得比對方還要慢**

這麼做就能讓對方感受到你跟他的情感同步，也能營造出你願意跟他共享情緒的感覺。

另外，跟緊張兮兮的人聊天時，就配合對方慢慢說話。

跟聲音低沉，說話像蚊子一樣小聲的人聊天，就壓低聲音用同樣的音量說話。

讓對方跟自己的情感同步，對電話溝通格外有效，我在培訓客服中心的客訴應對和電話銷售工作時經常用這個方法。原本的目的是配合對方的「喜悅」、「悲傷」、「憤怒」等情緒，與對方共享情感並建立信賴關係，但這麼做也能有效避免一個人滔滔不絕講個不停的問題。

自顧自地講個不停，會忽略把對方晾在一邊的問題，導致在自己跟對方之間挖出一道鴻溝。

情感同步可以有效防止自己的情緒暴衝。

重點在於仔細聆聽對方的聲音。

如果覺得自己不太會配合對方的情緒，可以試著觀察對方心思，在說話時想像一個簡單明瞭的形象，就會順利許多。

聲調偏高的形象，可以學學搞笑藝人宮川大輔先生活力充沛的說話方式。

節奏緩慢的形象，可以學學藝人壇蜜小姐從容問話的方式。

語氣嚴肅的形象，可以學學前職棒選手鈴木一朗先生回應訪談的方式。

選擇你喜歡的形象就好，試著配合對方情緒改變說話方式吧。**配合說話者同步雙方的情感，能讓對方覺得你是打從心底認真聆聽**。所以跟你聊天時，對方會說得越來越掏心。共享彼此的內心感受，就能促進雙方的關係，也能鞏固對方對你的信任。

POINT

配合對方調整聲調和節奏後，試著對應這三種情緒吧。

成為讓對方開心的人吧

在第3章前半段介紹的冷讀術，是我第一次見到師傅小羅密歐・羅德里格斯先生時學到的技巧。

他將超能力者及知名占卜師使用的洞察術（讀心術）建立體系並詳細解說，用人人都能成功的方式對我進行指導。

比起手法或圈套，國外的讀心師更重視洞察術，甚至認為「不懂洞察術的讀心師都是冒牌貨」。這種洞察術能讓讀心術更加昇華，帶來最極致的娛樂體驗。畢竟我們不是透過事前準備的圈套，而是憑藉現場對話猜出對方的個性或初戀情人的名字。

「就算知道是在做手腳，還是能在觀眾腦海中留下1％的疑點，懷疑『這傢伙真的有超能力嗎』，那才是貨真價實的讀心師。會產生這個懷疑，就代表你掌控了對方的心思。」

即便過了十年之久，至今我仍對羅密歐先生說的這番話印象深刻。

若能善用冷讀術，就能獲得對方的信任。除此之外，也能在順利炒熱話題的過程中不著痕跡地引出對方的情報。

商業場合就不用說了，在日常生活中也能讓對話通暢無阻，和喜歡的人或想要建立信賴關係的人縮短距離吧。這項技術適用於想要為對方的思考或情緒帶來影響的任何場合。

我自己會把冷讀術融入對話中，所以也會慢慢萌生出「想成為讓對方開心的人」的想法。

久而久之，我經常會在對話中想像對方的思緒，比如「好想逗樂對方」、「對方現在在想什麼」、「他會怎麼解讀我說的話」等等。

讓我成為日本第一讀心師的那場演出，也是因為我在表演時同時想著

「怎麼做才能讓觀眾開心」，才能帶來這樣的結果。

利用讀心師的對話技術，讓你可以用更自然的態度和對方聊天，自動變成稱職的聆聽者，最後就能滿足對方的認同欲求。

成為讓對方開心的人。不只是讀心師，這是每個人於公於私都該具備的想法。

第4章

直接影響每日成果

讓心與心的距離立刻縮短的交涉術

4-1

磨練小聰明的技巧，可以和對方拉近距離

「會耍小聰明的人」不但工作能力強，在男女之間也都吃得開。

可以替換成「難對付」或「狡詐」的**「小聰明」，能有效取悅對方**，在商務場合要和對方拉近距離時也能使用，也就是俗稱的「處世之道」。

在展現「你認得對方」的時候使用格外有效，能一口氣拉近彼此的距離。

前日本首相田中角榮先生深信「記住姓名可以抓住人心」這個道理，所以將各省廳的幹部名冊全都記在腦海裡。除了姓名之外，連出生地、畢業母校

和同期間的關係都默背起來，聽說看到人就能說出「〇〇老弟，最近好嗎？」這種話。光是被足以勝任首相的人記住姓名就讓人夠開心了，因此出現了許多對田中角榮先生十分尊崇的新任議員。但厲害的田中角榮先生也會有「奇怪？這人是誰啊？」這種忘記姓名的時候，這時他會直接問對方「你叫什麼名字？」，如果對方回答「佐藤」，他就會說「我知道你的姓氏，我是問名字！」，用這種打聽對方的全名的方法表示「我知道你是誰」。

為了不讓對方覺得「他居然忘了我的名字」，連這種不著痕跡的體貼都做得如此完美，難怪在民間和政治圈都這麼受歡迎。

優秀的偶像也會善加利用這個特質。

有段時期我曾負責籌辦ＡＫＢ48這類偶像的握手會，頂級偶像會一直表現出這種不著痕跡的小聰明。

有些人會記住來參加握手會的熱情粉絲，感謝粉絲一路以來的支持，算是相當有名的軼事，但有些人甚至連工作人員都記得清清楚楚。之前就有個在各大媒體間相當知名的偶像對我說「我記得你耶」，擅長這種貼心小舉動的人自然會大紅大紫。

此外，有些偶像還會對握手會中負責整隊的工作人員說「會不會很累？」，但偶像應該更累才對，因此這位體貼的偶像很受工作人員歡迎。對工作人員也十分關心的偶像，好名聲就這麼一傳十十傳百，結果連粉絲都知道「她對工作人員也很貼心」了。

像這樣**用「我認得對方」的方式來拉近距離的人有個共通點，就是「從一而終」**。只要下定決心就會一直放在心上，不會半途而廢。而且不只是對方的姓名，連以前短暫聊過的話題或當時發生的事都記得一清二楚，表現出「認得對方」的態度。在第2章「臨走前刻意中斷話題再走」中提到的「帶回話題」是不是很有效呢？

「你前幾天跟我說的那本書，我馬上就買回去看了，真的很精采耶！」

「我看了你的SNS，沒想到你橫跨這麼多領域！」

「你上次說的那個案子進展到哪了？我很期待耶！」

讓對方感受到「他真了解我」或「他居然記得」，就能縮短彼此的距離。

有間餐廳請我擔任顧問，我讓他們徹底了解來店顧客的喜好。如果來店次數超過兩次，接待時就說**「您覺得上次點的○○好吃嗎？如果您喜歡的話，今天我們也準備了那道菜，想吃就說一聲！」**。客人會覺得「你居然記得」或「店員真貼心」，所以待客時就能深入顧客的心。

而且工作人員和顧客的交流也更加頻繁，結果點單也增加不少，進而提升了營業額。

就算知道這是種耍小聰明的技巧，但只要一心一意貫徹到底，對方就不會對這種小聰明產生反感。

全心全意讓對方開心，拉近彼此距離，這就是在商場上走向成功的祕訣。

POINT

在話題開啟的八秒內表達你對對方的認知，用全心全意的小聰明拉近距離吧。

4-2 「準備兩個贈禮」準沒錯，讓喜悅加倍的魔法禮物

「過去收到的禮物當中，哪一個最讓你開心？」

經我這麼一問，某位經營者回答「讓我送給妻子的禮物」。

這位老闆工作十分繁忙，別說跟家人相處了，連最愛的車都沒時間保養。有位壽險業務員得知這件事後就提出「我會幫你把車子洗乾淨，請把車子借給我」，於是老闆就把車交給他了。

後來車子不但乾淨到讓他認不出來的地步，後座還放了一個寫著「請送給夫人」的禮物，而且還交代「就說是您送給她的」。幫忙清洗車子已經讓他十分感動，甚至還準備了送給妻子的禮物，這位老闆說他的心馬上就被擄獲了。

不管是送禮給平常關照自己的上司，給部下或同事的小禮物，還是送禮給重要的客戶，在職場中應該經常遇到送禮的場合。這時**不妨準備兩個贈禮，可以不著痕跡地拉近彼此的距離**。

比如你可以準備「真正的禮物」和「不怎麼樣的禮物」。對方對不怎麼樣的禮物感到失望時，再拿出真正的禮物讓對方開心。利用反差感營造出驚喜，能發揮出各種不同的效果。

首先，對方的喜悅會倍增。

先送對方簡單的禮物，隔一段時間再說「不好意思，這才是真正的禮物」，對方就會驚訝地說「怎麼還有一個？」，喜悅程度也會加倍。

我還在當業務員的時候，常常會把沒什麼價值的公司鑰匙圈送給客戶企業，還說「小小禮物不成敬意」。當對方露出「咦，我不需要啊」的表情時，我才會拿出伴手禮說「不好意思，這才是真正的禮物！」，以此緩和現場的氣氛。這種現象被稱為**「得失效應」**。若第一印象跟後來的感覺有巨大落差，對心情的影響程度也會越大。

這次舉的例子是**透過「價值落差」，讓人覺得後面收到的禮物比最初的禮物更有價值**。

這個方法可以用較少的預算提高禮物的價值。

先用幾百日圓的禮物讓對方失望，再用幾千日圓的禮物討對方歡心，有時候可能比幾萬日圓的禮物更讓人印象深刻。

對了，如果預算充足，可以準備兩個高價禮物讓對方更加開心，比如送對方錢包時在裡面放進他想去的演唱會門票。談戀愛時也可以運用這種方法喔。

此外，要送禮給客戶負責人時，先送上「請全公司一起吃」的餅乾禮盒，再告訴對方**「我還另外放了一份送給○○的禮物，不介意的話請收下吧」**，效果也非常好。

比起一開始就送給負責人，不如讓對方先感受「這是送給大家的伴手禮」，再體會到「居然有單獨送給我的禮物！」，從反差感衍生而出的喜悅也會倍增。

你可能會想到各種不同的情境，**但重點在於準備驚喜感**，文章開頭所舉的例子就是如此。就算精心準備了兩個禮物，但劈頭就跟對方說「有兩個禮物喔」，驚喜感就會消失。

當成果超乎期待，就會產生驚喜感，不妨製造一場讓對方超乎期待驚訝萬分的演出吧。

此外，若兩個禮物贈送的時間間隔太短，效果會大打折扣，建議選擇剛見面和道別前這兩個時間點，隔一段時間再送禮吧。

POINT

準備超出對方期待的驚喜。
隨時都要提醒自己給對方驚喜喔！

4-3 厲害的人不會用言語反應，而是用感情回應

「對話複誦」給人一種「反覆模仿對方說話」的感覺吧，這個解讀確實沒錯，但以溝通手法來思考的話，感覺又不太一樣。

溝通時要如何達到有效的「複誦」呢？精通「複誦」技巧可以提升對話能力，所以請各位一定要好好磨練。

說穿了，想跟眼前的人透過對話建立信賴關係，「複誦」就是一種不可或缺的「對上電波」的方式。

偶爾你會覺得自己跟某些人「個性很合」，其實是因為那個人跟你的對話節奏相符，並使用相同的詞彙。

不太會聊天的人很容易只用一種方式回應對方，所以先從完全複誦對方說的話開始嘗試吧。

對方「天氣真好，感覺很舒服。」
自己「對啊，天氣真的很好。」

對方「我身體不太舒服。」
自己「你身體不舒服嗎？」

用完全相同的話回答，能有效加深你在認真聆聽的印象。接著還得再下一道功夫。

你要複誦的並非「言語」，而是「感情」。

當對方說「最近被客戶罵了，好沮喪喔」時，如果照實複誦的話，就會變成「你被客戶罵啦，一定很沮喪吧」。

那如果是複誦感情會怎麼樣呢？**「什麼！你一定很沮喪吧～」**只需要重複對方感到失落的部分即可。

此外，如果對方說話時沒帶什麼感情，你可以想像他的心情再回覆。

對方「我最近開始打高爾夫了！」

自己**「哦！剛開始應該很好玩吧？」**（重複開心的心情）

對方「最近進入旺季了，真的很忙耶。」

自己**「這樣啊！一定很辛苦吧。會持續到什麼時候啊？」**（重複難受的心情）

像這樣**重複想像後的心情，切記還要補上「！（驚訝）」和「？（疑問）」等情緒**。

你隨時都可以用複誦對方說過的話來回答，如果對方回答時著重在感情部分，就能更輕鬆和對方進行交流了。

POINT

習慣「複誦＋提問」的回答方式後，就試試看只重複心情的部分吧。

4-4 不要直接讚美，而是透過第三者讚美

你會稱讚別人嗎？

稱讚對方在職場上是一種滿有效的手段。在歷史性的暢銷名著《人性的弱點》中，作者戴爾·卡內基（Dale Carnegie）提到「每個人都渴望得到周遭的認同」，認為稱讚對方是受人喜愛的原則之一。發現對方的優點並大力稱讚，這也是與人溝通的一大關鍵。

而且**比起當著對方的面稱讚，「讓第三者加入稱讚他人」的效果更加顯著**。這種稱讚方式的效果，比直接讚美好上一百倍。

接著就來介紹透過第三者稱讚的三個步驟吧。

①在當事人不在的時候稱讚

第一步就是當事人不在的時候稱讚。基本上人的嘴巴是關不住的，就像不好的傳聞會傳到當事人耳中，好的傳聞也一定會被當事人聽見。所以我們可以在當事人不在的地方對第三者說點正向的評論。

「○○最近交出不少成果耶，真是厲害～」

「○○很時髦耶。」

這是壞話的相反「好話」。透過第三者聽到的傳聞信用度會提高，對方也會乖乖聽進去。這種現象名為**「溫莎效應」**，在戀愛方面也很有效果，若對現階段八字還沒一撇的對象使用這一招，就有機會讓對方開始注意你，希望各位能把這招學起來。

②在稍遠處用對方聽得見的音量稱讚

這次在當事人也在的時候對第三者說點正向的評論吧。

可以用在辦公室對話或飲酒聚會的場合。在當事人也在辦公室時對同事說**「〇〇的企劃案寫得淺顯易懂，很值得參考耶」**，不刻意直接稱讚，而是在「本人可能聽得見」的地方說好話。

人在嘈雜的地方也能聽見跟自己相關的話題，所以對方極有可能感受到「有人在談論我的事」，這種現象名為**「雞尾酒會效應」**。

因為這會讓當事人十分在意，甚至問同事「你們剛剛有聊到我嗎？」，所以告訴對方你們是在稱讚他，就能像上述那樣提高信用度，對方也會乖乖聽進去。

③向第三者介紹時順便稱讚對方

上述兩種方法都足以在當事人心中留下好印象，所以最後只要直接稱讚就行。

能讓效果更加顯著的方法，就是在第三者和當事人在同一個場合時，「向第三者介紹時順便稱讚對方」。

「在我的部下中他是工作最細心的人，所以可以放心交給他。」

「〇〇一直都很照顧我，是我最喜歡的前輩。」

在同一個場合對第三者說這種話，因為不算當面誇獎，所以本人也會乖乖聽進去，這種現象名為**「T-up法則」**。而且被介紹的人也會對被稱讚的人留下好印象，就能建立良好的人際關係。

用上述的方法不著痕跡地透過第三者稱讚對方，可以有效拉近與對方的距離。

POINT

好話一定會傳到當事人耳裡，所以平常就養成誇獎別人的習慣吧！

4-5 借用對方的謙虛

當面讚美對方或表達感激時，對方會直接表現出喜悅嗎？絕大多數的日本人都會謙虛地回答「哪裡哪裡，沒這回事」。

日本素有謙遜的美譽，聽到你的讚美，幾乎很少人會直接回答「謝謝」，因此透過第三者的誇讚才會如此有效，但我們當然會遇到要直接稱讚的時候。大部分對方心裡都會很高興，自然沒什麼問題，但我們可以借用他的謙虛。

聽到你誇讚「真厲害」後，對方就會謙虛地用「哪裡哪裡」來否定。這時我們要對他的回覆再次否定，也就是**「謙虛再否定」**。

想像一下你跟同事的這段對話。

自己「這麼快就交出成果了，你一定很努力吧。」

對方「沒有啦～只是運氣好而已。」

自己**「哎呀，就是這份謙虛才會帶來這樣的結果啊！」**

像這樣**把對方謙虛的否定再次否定，對方就會覺得「果然是這樣」，心中的喜悅也會倍增**。另外也看看以下這段對話。

自己「這次的案子大成功耶！」

對方「沒有啦，要謝謝你們給我挑戰的機會。」

自己**「沒這回事，因為是你才會放心交給你的！」**

自己「托你的福，這次的企劃也進行得很順利。」

對方「哪裡哪裡，是因為大家的努力。」

自己**「哎呀~你就是這麼謙虛，大家才會跟著你啊！」**

就像這樣，**利用對方的謙虛進行更深度的讚美**。

在我擔任顧問的健身房，我就要求教練徹底執行「謙虛再否定」。比如跟學員出現以下對話：「你的體力增強不少耶。」「哪有~還有待加強啦。」當學員對讚美表現出謙虛的否定，就再次否定地說**「不不不，很少人能在短時間內體力進步這麼多喔！」**，這話當然可以讓對方心滿意足，也能提升往後健身的動力。

畢竟是被這個領域的專家認同，當然會很開心了。不只是健身房，所有指導者和教練都能活用這項技術。

對方表示謙虛（否定）的話，就用二次否定抓住對方的心，這是不二法則。

POINT

謙虛再否定只要做一次就行了。放心吧，對方一定能感受到這份心意。

利用對方的謙虛

1 稱讚對方

這麼快就交出
成果了，你一
定很努力吧。

2 確認對方因謙虛而否定

沒有啦～只是
運氣好而已。

3 再次否定

哎呀，就是這份
謙虛才會帶來這
樣的結果啊！

將對方謙虛的否定說詞再次否定，
能讓對方的喜悅倍增

4-6

縮小選項範圍，讓對方說出「YES」的交涉術

某間拉麵攤的拉麵賣得不錯，配料卻乏人問津。老闆實在很想讓客人加點滷蛋，但就算對下班來吃麵的客人問「要加滷蛋嗎？」，客人卻只會回答「不用」。

某次老闆試著改變問法，不像平常那樣，而是問「要加一個滷蛋嗎？還是要兩個？」，客人的回答就變成「啊～加一個就好」，幾乎所有客人都會加點滷蛋。

想讓對方說出YES的時候，就把選項範圍縮小吧。

要跟客戶約時間談生意時，如果問「這週末可以跟您約個時間嗎？」，就會變成「YES or NO」問句。

要降低被拒絕的機率，就要改成不能以「YES or NO」回答，而是得從「A or B」二選一的問題。

以這個例子來看就是**「我想跟您約個時間，您是這週末還是下週末方便？」**，這樣就能提高對方確認時間的機率。

此外在夫妻對話時，如果用**「我想在出門前把事情做完，你要倒垃圾還是掃廁所？」**這種問法，就能叫得動放假的丈夫。請別人做點小事的時候也能派上用場。

只要有人拋出「前提」或「選項」，就算有其他選擇，人還是只會在得到的選項中判斷事物。這種現象名為**「錯誤的前提暗示」**，是一種將選項範圍縮小，讓人難以看清選項（不給選擇權）的技巧，是很有名的銷售技術，或許有人已經知道了吧。

而且還有一種技巧，可以讓別人更找不到「拒絕」的選項。

如果是剛才的約時間談生意場合，就在拋出二選一提問後補上一句**「拖到下週可能太久了，不如約這週吧？」**，在二選一提問後面表達自己推薦其中之一。

不是引導對方定下這週的時間，而是讓他更找不到「拒絕」的選項。

聽到「我想在出門前把事情做完，你要倒垃圾還是掃廁所？**不然我去掃廁所吧**」，對方就會回答「好啊，那我去倒垃圾」，讓他難以說出「哎唷~我兩個都不想做」。

重點在於給出對方怎麼選擇都無傷大雅的選項。

我擔任顧問的熱瑜伽教室有開設體驗課程，希望藉此增加入會人數。為了增加教室的知名度，他們先把課程價格降低，在顧客體驗完推銷入會時，他們加上其他教室不會採用的一個要素。

在這個階段，他們就告知顧客總共有三堂體驗課程，並表示**「您還有兩堂體驗課，下次想選A還是B呢？我認為A比較適合您！」**。結果大部分的人都會預約下次的體驗課，約七~八成的顧客沒上滿三次體驗課就入會了。

有很多人在滿意度調查中寫道「體驗課居然不只一堂，好開心喔！」，但這是我們精心設計的結果，就是為了讓顧客找不到「下次不來了」的選項。

POINT

選項範圍被縮小後，人就會採取行動。事先準備好對方怎麼選都無所謂的選項吧！

縮小選項範圍

× 用YES or NO回答的提問

「這週末有空嗎？」

○ 用A or B回答的提問

「這週末還是下週末有空？」

◎ 再推崇其中一個選項

「我決定盡早決定比較好，
不如約這週吧？」

**用二擇一的提問排除拒絕的選項，
再推崇其中一個選項**

4-7 只要有八秒，任何人都會淪陷。抓住對方心思的「笑容眼神交流」

會聊天的人容易給人好印象，但有些人就是天生木訥。木訥的人就沒辦法增進談話技巧嗎？沒這回事。就算口才不好，也能在對方心中留下好印象。

各位有聽過「相視八秒就會墜入情網」的說法嗎？

根據英國國際性研究學會在官方期刊《性行為檔案》發表的研究結果，計算男性對初次見面的人事物感到心動、產生好感的時間是八．二秒，才會衍生出開頭提到的「相視八秒就會墜入情網」的說法，又稱為**「八．二秒法則」**。

現在進一步的研究顯示，不論男女都會對「八・二秒的視線」感到心動。

在戀愛相關的心理學技巧經常聽到這個說法，我也試過幾次，但這個技巧其實不好上手。

不論是男是女，都會因為尷尬而無法持續盯著對方的眼睛八秒鐘，如果被對方問「你在看什麼？」感覺也很可怕吧。除非已經跟對方互表好意，否則在現實生活中很難持續盯著對方八秒。

再說，這個法則是「如何讓人動心」的實驗所驗證出的結果，原本的目的並非用於促進人際關係。

如此一來，你可能會覺得這項技術難以落實在現實生活當中，但**「笑容眼神交流」**就能提升這項技術的實用性。

在日常生活中，確實沒什麼機會能持續盯著對方眼睛八秒鐘。

順帶一提，在對話中和對方四目交接但不會覺得尷尬的時間，據說是四～五秒。

就像很多人和別人對上眼時會把目光別開，平常我們不會一直和對方四目交接，這麼做也很彆扭。

所以才要再三提醒自己「把對方的目光留在我身上」。如果對方不介意，就會下意識產生「希望能和你眼神交流」的念頭，對你產生興趣。

這當然要建立在「對方不討厭你」的前提之下，但只要對方開始注意你的一舉一動，就能提升對你產生好感的可能性，這種好感不局限於戀愛感情。

那我們該用什麼表情跟對方相視八秒呢？就是前面提到的笑容眼神交流。和對方四目交接時，要露出對對方的話題充滿興趣和關心，讓人留下好印象的表情。

這是感受到對方釋出善意，人就會想用善意回報的心理現象。若能用笑容表現出好奇和關心，對方對自己留下好印象的可能性也會大幅上升。

進行笑容眼神交流時要注意三個重點。

①揚起嘴角（嘴巴張開也沒關係）

②將臉頰往上推，在眼角堆起笑紋

③適時給予簡短的回應

用這個表情聊天，盯著對方超過八秒就可以了。

使用這個技巧時，我會在腦海中想像藝人關根勤先生的笑容。

有些人可能會因為尷尬而別開眼神，但對方是異性的話，就有機會讓他誤以為是戀愛的怦然心動。就算口才不好，利用八秒的視線和充滿興趣及關心的表情也能博得對方的好感。

POINT

用八秒的視線讓對方開始在乎你。趁對方不注意的時候獲取他的好感吧！

4-8 從為了生存的同盟中學習，不讓自己變成「敵人」的方法

各位知道「希特勒」這號人物嗎？他是納粹政權的首領，人稱二十世紀最可惡的獨裁者。他本身的行為雖然不值得肯定，但他抓住人心的技術非常高超，有很多值得學習的地方。其中一個就是**「樹立共同的敵人」**。

希特勒將猶太人樹立成自己和民眾之間的「共同敵人」，藉此凝聚民眾的向心力。日本政治家在選舉演說時，也會理所當然地將砲火針對其他候選人，這或許也是類似的做法。先不論這種行為是否合乎倫理，但在職場上想跟別人拉近距離，樹立「共同敵人」也同樣有效。

這是因為我們有**「會對和自己有共通點的人產生好感」**的傾向，又稱為

「類似性法則」。

舉例來說，只要把職場上的討人厭上司或沒用部下當成「共同敵人」惡意抨擊，馬上就能跟那個人拉近距離。

對方「部長居然沒頭沒尾地罵了我一頓，聽了有夠火大。」

自己「我懂！我也這麼認為！」

比起「夥伴的夥伴也是夥伴」，「敵人的敵人才是夥伴」會讓人產生更強的同伴意識，所以對方會產生你是同伴的錯覺，就能成功拉近距離。

但這是最合適的方法嗎？我不這麼認為。說壞話或惡意抨擊雖然能簡單快速地凝聚向心力，也確實不堪一擊。假如你們陷入困境，就容易歸咎於其他原因，而非檢討自己。

而且透過說壞話或惡意抨擊凝聚向心力的做法，對旁人的觀感也不好。

那我們該怎麼做才好呢？只需要**「贊同對方的心情」**即可。

對方「部長的工作態度太嚴苛了，好討厭喔！」

自己「我懂！雖然能學到不少經驗，但偶爾會讓人很挫折呢。」

不要直接贊同壞話的部分，而是對方的情緒，用「我懂你的心情」的說法貼近對方的情緒。除此之外，也可以替換成其他對象。

對方「我的上司整天只會摸魚，真是爛透了！害我變得這麼慘！」

自己「一定很崩潰吧。以前上司也會把工作推到我身上，害我忙死了。」

聊天時把對方的敵人替換成其他敵人，也能樹立起共同敵人（這個案例就是工作摸魚的人）。**重點在於不要馬上回話**。在對方說話的時候搶話會變成「我懂我懂小偷」，所以要聽對方說幾句之後，隔一會再回答。

樹立共同敵人，貼近對方的情緒，就能大幅縮短彼此的距離。

POINT

只要拉近距離，就不用再樹立共同敵人了。往後也沒必要逼自己贊同對方。

4-9 讓相聚變得「更有價值」，就能激發對方的「感謝之情」

我們常看到知名偶像的演唱會門票在拍賣網站上被炒得異常昂貴，這種黃牛票之所以不會消失，就是因為還是有人會買。

你應該也有過這種經驗：聽到購物頻道的主持人說「接下來開放三十分鐘，前五十名來電者才能買到這檔商品！」，就算原本不想買，也會忍不住燃起興趣。

這些都是「人覺得越難入手的東西越有價值」，名為「**稀缺效應**」的心理現象，而且不是只有商品或服務販售才會用到這項技巧。

如果你想跟某個人的關係更進一步，就試著提升「自己的稀有價值」吧！重點在於限制能見面的或能聯繫到的日期。

「我隨時都能趕過去！」、「明天也可以！」這種說法一點稀有價值都沒有。不僅如此，你還會變成「隨時都見得到的人」，反倒降低你的稀有價值。用**「這個月只有這天有空」**的說法營造擠不出時間的形象，提升你的稀有價值吧。

重點在於約時間的時候把候補日縮限至短短幾天。

「能告訴我您哪幾天有空嗎？」即使對方提出的候補日你都有空，只要回答**「這天我應該能撥一點時間」**，就能營造出「好不容易才擠出時間」的感覺。

此外，有時候對方會請你提供有空的時間。這時只要說「最近有點忙」並假裝調整行程，用**「我覺得這天應該可以，行程調整後我再跟你聯絡！」**這種說法先跟對方暫定日期即可。之後隔一段時間再聯絡對方**「我想辦法調出時間了！」**。

此外，用「我這天有約了」先婉拒一次也是一種手法。隔一段時間後再告訴對方**「我還是想跟你見個面，所以我直接跟先約好的朋友說了這件事，他也同意更改行程！」**，對方就會心存感激，感激不盡地對你說「謝謝你撥時間給我」吧。

這種時候不能說「哎呀~我很忙耶」或「我好不容易才擠出時間」這種話。**這個技巧最關鍵的重點，就是最後自己也要表達感謝**。

實際見面後，也要感謝對方**「我才要謝謝你特地撥時間給我！」**。這一切都是為了「提升能見你一面的稀有價值」，見面的時候要優先向對方表示感謝。

這時如果帶上禮物會更有效果，禮物當然要準備兩個喔。

如此一來，對方就能提升你的稀有價值，又能與你拉近距離了。

POINT
調整行程的時候，別忘了感激之情。

「不著痕跡地」使用「小聰明」的技巧吧

來介紹一個簡單的讀心術。

在對方面前放上百圓硬幣和十圓硬幣各一枚，將寫著預言的紙條蓋在桌上，別讓對方看見紙條的內容，並請對方「隨便拿走一枚喜歡的硬幣」。等對方拿走其中一枚硬幣後，請對方「把另一枚硬幣拿給我」。

假設對方選擇百圓硬幣，你就會拿到十圓硬幣吧。接著指向預言紙條請對方「拿起紙條唸出上面的內容」，紙條上寫著這一行字。

「我拿了百圓硬幣，你拿了十圓硬幣」。

唸出紙條上的字後，對方應該會驚訝地說「咦，猜中了耶！」。沒錯，預言確實成真了，但要是選擇的硬幣相反，又該如何應對呢？

這時你只要拿起紙條說「我來唸出紙條上的內容」，自己唸出剛才那句預言即可。怎麼樣，這樣預言也算成真了吧。不論情況如何，都要讓拿著百圓硬幣的人唸出預言。

因為一開始沒有明講會如何使用這張預言紙條，對方就不會發現這個圈套，這就是名為「魔術師的選擇」的讀心術。

實際表演時，我們會增加選項讓整體變得更複雜，讓觀眾不會察覺其中的手法，但這時請留意以下的對話技巧。

要用理所當然的態度，不經意地說出預言紙條的引導台詞。不刻意強調，而是用自然的口吻，觀眾就不會發現其實有好幾種可能性。這種對話技巧部分源自於「若無其事的會話術」，遠比讀心師的手法還要重要。

預言成真後，也不能驕傲地表示「我很厲害吧！」，這樣會讓對方產生「這一定是魔術手法吧？」的瞎猜心理。你應該說「天啊！我跟你的頻率一致了！說不定能變成好搭檔喔」，對對方的驚訝表示感同身受，藉此炒熱現場氣氛。

　前面介紹的這些技巧，若刻意強調使用，有時會被貼上「耍小聰明」的標籤。但如果從頭到尾都表現得自然得宜，就能「不著痕跡地」讓技術更加昇華。

　設想對方的心情，用這些技巧提升彼此間的人際關係吧。

後記

感謝您讀到最後。

如同我在文中所述，我口才不好又不善交際，對溝通一點信心也沒有。長大後遇見的人都不相信我曾有這段經歷，但這真的是我十幾歲的生活。猶記得學生時代我經常觀察人類，每天都在思考「什麼性格的人才能受歡迎」、「要具備什麼能力才能加入成功的那群人」這些問題。

我也是在這段時期遇見了讀心術。雙手不夠靈活的我，被這種可以只靠言語和動作來引導對方的技術深深吸引。換一種說法就能跟顧客簽訂契約，掌握演講的訣竅就能提升在同伴之間的評價，將日常言行舉止稍作改變，就能深得上司的信賴。

自立門戶後，我以讀心師、演講家、培訓講師等身分，開始靠溝通維生。

徹底改變我的人生的讀心術，蘊含了這種可能性。

溝通的煩惱是無窮無盡的。

只要時代改變，就會產生新的煩惱。

儘管如此，運用本書介紹的知識和技術抓住人心後，應該能讓你的人生變得輕鬆一些。

若本書能為和過去的我抱持同樣煩惱的人帶來改變人生的契機，身為作者，沒有比這更開心的事情了。

我會由衷為你加油打氣，期盼你能抓住對方的心思，獲得期望的結果。

請容我在本書的最後致上謝詞。

如果沒遇見師傅小羅密歐．羅德里格斯先生，我根本沒想過要當一名讀心師。我永遠不會忘記您收我為徒的那一天，未來我會持續精進，立志成為超越師傅的讀心師。

一般社團法人日本刑事技術協會的代表理事森透匡先生也對我十分關

照。我剛當上講師時，您不但無私分享各種知識和技術，這次出版著作時也不忘幫我牽線。

不辭辛勞努力編輯的武井康一郎先生，真的非常感謝您。如果沒有責編武井先生，中途我絕對會一蹶不振。「你是日本第一讀心師吧」、「再多給我一些期待」、「這段話沒有抓到我的心」，正因為他一路上時而嚴厲時而關心的陪伴，這本書才得以問世。

最後必須感謝我的家人，在我因為不熟悉寫書流程而陷入苦戰時，他們也始終在身後支持我。有家人的支持，我才能全神貫注地寫下這本書。

往後我會以職業讀心師的身分竭盡全力，讓更多人展露歡顏。

二〇二二年九月

大久保 雅士

參考文獻

前言

● 《鑽石週刊》二〇一七年一月十四日號

第1章

● 《好脾氣帶來好運氣：怒上心頭前喊卡！改寫人生劇本的幸福心靈訓練法》安藤俊介著，台灣東販

● 〈溝通綜合調查〉ＪＴＢ宣傳部，二〇一八年第二十一號（二〇一八年二月二十一日）

- 〈【百人大調查】不聽別人說話的人有哪些特徵？同時教你高明的交際手段〉「Donami」官方網站，二〇二三年二月一日發布，https://domani.shogakukan.co.jp/544889
- 《任何人都會有的思考盲點：認識自己、洞悉別人，活得比今天聰明。》大衛．麥瑞尼著，李茲文化

第2章

- 〈如何發出瞬間就能吸引人的聲音〉Shigemitsu Hayashi，TED×ShinshuUniversity，上傳於二〇一七年一月五日，https://www.youtube.com/watch?v=7WAHPmY-B70&t=94s
- 《一流超業的暖心成交，養客慢賺才會大賺》川田修著，世茂
- 〈現在還堅持寫『紙本賀年卡』的人所忽視的觀點〉木村隆志著，東洋經濟ONLINE，二〇二一年十二月十九日發布，https://toyokeizai.net/

articles/-/477220

●《圖解瞬間操縱人心的心理法則》內藤誼人著，ＰＨＰ研究所

●《烏龍派出所》秋本治著，東立

●《哆啦Ａ夢》藤子・Ｆ・不二雄著，青文

●《ONE PIECE航海王第五十四集》尾田榮一郎著，東立

第3章

●〈【心理測驗】你最重視哪一方面？弄清你的價值觀！〉LAURIER PRESS，二〇二一年一月二十日發布，https://laurier.excite.co.jp/i/E1610689786750

●《毒舌糾察隊》朝日電視台，二〇〇八年十一月六日播出

●《煩惱無窮無盡啊　相田光男的生命格言》佐佐木正美著，相田光男題字，小學館

● 《CIA教你用情報術搞定工作》J．C．卡爾森著，李茲文化
● 〈姓名排行榜二〇二一〉明治安田生命保險，https://www.meijiyasuda.co.jp/enjoy/ranking/
● 〈靠「點頭」就能留下好印象〉Yahoo!新聞，二〇一七年十月十九日發布，https://news.yahoo.co.jp/byline/ishidamasahiko/20171019-00077119
● 〈驗證「點頭」對人物形象造成的影響力〉北海道大學總務企劃部宣傳課，二〇一七年十月十二日發布，https://www.hokudai.ac.jp/news/171012_pr.pdf

第4章

● 《田中角榮處世訓　與人相處的奧義》小林吉彌著，PRESIDENT
● 《人性的弱點》戴爾·卡內基著

國家圖書館出版品預行編目資料

心控 / 大久保雅士著；林孟潔譯. -- 初版. -- 臺北市：平安文化, 2023.11　面；　公分. --（平安叢書；第 777 種）(溝通句典；62)
譯自：メンタリズム日本一が教える「8 秒」で人の心をつかむ技術
ISBN 978-626-7397-02-2（平裝）

1.CST: 人際傳播 2.CST: 溝通技巧

177.1　　112017325

平安叢書第 777 種
溝通句典 62
心控
メンタリズム日本一が教える
「8秒」で人の心をつかむ技術

MENTALISM NIHON ICHI GA OSHIERU "HACHI BYO" DE HITO NO KOKORO WO TSUKAMU GIJUTSU
by Masashi Okubo

作　　者—大久保雅士
譯　　者—林孟潔
發 行 人—平　雲
出版發行—平安文化有限公司
台北市敦化北路 120 巷 50 號
電話◎ 02-27168888
郵撥帳號◎ 18420815 號
皇冠出版社（香港）有限公司
香港銅鑼灣道 180 號百樂商業中心
19 字樓 1903 室
電話◎ 2529-1778　傳真◎ 2527-0904
總 編 輯—許婷婷
執行主編—平　靜
責任編輯—陳思宇
美術設計—嚴昱琳
行銷企劃—薛晴方
著作完成日期— 2022 年
初版一刷日期— 2023 年 11 月
初版三刷日期— 2024 年 7 月
法律顧問—王惠光律師

讀者服務傳真專線◎02-27150507
電腦編號◎342062
ISBN◎978-626-7397-02-2
Printed in Taiwan
本書定價◎新台幣 340 元 / 港幣 113 元